▶▶▶ 心理学 de 学級経営

ポジティブ学級に変える！
解決志向アプローチ入門

岩田　将英 著

明治図書

まえがき

　今，巷には若い先生が増えています。そして，多くの先生たちが学級作りや授業作りに苦戦をしています。かく言う私も，初任の時は苦戦していました。今でこそ苦戦はしていませんが，日々，奮闘しているところです。

　本書の「解決志向アプローチ」はそのように苦戦していた当時，「武者修行」と称して足しげく外部研修へ通っていた時に出会いました。この「解決志向アプローチ」の考えに出会った時，あまりのシンプルさとそれを裏づける理論に心が高鳴りました。最初の感想は「これは使えそうだ」でした。それから，解決志向アプローチの研修を受けに，高松や福岡に通い，さらに大学院へ進学して理論と臨床を学びました。

　しかし，教師が解決志向アプローチを教室で使うには，もう少しアレンジが必要だな，と思うようになりました。なぜならば，私たち教師は集団を対象にしているからです。大きなできごとが起きてから解決志向アプローチを使うよりも，未然に防止したり，大きくなる前の小さい段階で解決したりしてしまう解決志向アプローチの方が，私たち教師には向いていますし，有益だと思います。本書で紹介した解決志向アプローチの考えを使って，ほんの少しでも学級作り・授業作りの力が向上し，子どもたちや保護者，そして読者である教師（仲間たち！）の笑顔が増えることを願ってやみません。

　最後に，本書を世に出す機会を与えてくださり，大変お世話になった明治図書出版の茅野現様，柏市教育委員会の先生方，現任校の校長先生をはじめ諸先生方に感謝申し上げます。そして，いつも私を支えてくれている妻昭子・息子峻明・娘華歩に心からの愛を贈ります。

岩田将英

CONTENTS

まえがき

1章 解決志向アプローチって？

1 解決志向アプローチとはどのようなものか　8
2 解決志向アプローチの考え方　10
3 問題志向と解決志向の違い　12
4 "原因や過去"にこだわらないために　14
5 学級経営に生かす解決志向アプローチ　16

2章 解決志向アプローチの中心哲学

1 解決志向アプローチの3つの哲学　18
2 発想の転換って？　24
3 「変化」についての発想の転換　26
4 「解決」についての発想の転換　30
5 「リソース」についての発想の転換　34

3章 解決志向アプローチにおける関係性

1. 関係性とは何か　38
2. 通行人タイプ　40
3. 不平・不満タイプ　44
4. 前向きタイプ　48

4章 解決志向アプローチ・メソッド① 例外（うまくいっていること）に注目！

1. 「例外」って？　52
2. 子どもに「例外」の考えを使って声かけしよう！　54
   【事例1】宿題をやってこないGさん　58

5章 解決志向アプローチ・メソッド② 成功の責任追及

1. 「成功の責任追及」って？　62
2. 「成功の責任追及」の考えで声かけしよう！　66
   【事例2】時間通りに行動できないクラス　70

6章 解決志向アプローチ・メソッド③ コンプリメント

1. 「コンプリメント」って？　74
   【事例3】掃除ができないクラス　80

7章 解決志向アプローチ・メソッド④ 解決像・未来像を描く

1. 「解決像・未来像を描く」って？　84
2. 「ミラクル・クエスチョン」で声かけ＆面談しよう！　86
3. 「タイムマシン・クエスチョン」で声かけ＆面談しよう！　92
   【事例4】仲のよくないクラス　96

8章 解決志向アプローチ・メソッド⑤ スケーリング・クエスチョン

1. 「スケーリング・クエスチョン」って？　100
2. 「スケーリング・クエスチョン」で声かけ＆面談しよう！　102
   【事例5】方向性を見出せないクラス　106

9章 解決志向アプローチ・メソッド⑥ 具体的なアクション

1. 「具体的なアクション」って？　110
2. 「具体的なアクション」の考え方で声かけ＆面談しよう！　114
   【事例6】前年度に壊れていたクラス　118

10章 解決志向アプローチ・メソッド⑦ 問題の外在化

1. 「問題の外在化」って？　122
2. 「問題の外在化」の考え方で声かけ＆面談しよう！　126
   【事例7】学習に取り組まないLさん　130

1章　解決志向アプローチって？

1 解決志向アプローチとはどのようなものか

Point
うまくいっていないならば，何か違うことをしよう

❶ ある教室から

　A先生の教室からは毎日注意する大きな声が聞こえてきます。
「何で立ってるんですか！　授業中でしょ！」
「何でしゃべっているんですか！」
「また注意されている！」
「いいかげんにしなさい！」
　大きな声は日々繰り返されているのに，どうやら教室の状況は変わらないようです。子どもたちはそのA先生の大きな声にだんだん慣れてきたせいか，大きな声を出しても反応がなくなってきました。
　同じ学年の先生や，近くの教室の先生も心配になってきました。
「A先生，また怒ってるよ」
「あのクラス，大変なのかな〜」
　そうこうしているうちに，A先生も子どもたちもみるみる表情が悪くなっていき，クラスの雰囲気もどんどん悪くなっていきました。

❷ 解決志向アプローチで考えると……

　あとで詳しく述べますが，解決志向アプローチではこのように考えます。

> うまくいっていないならば，何か違うことをしよう

　「大きな声で注意する」という方法も悪くはないのですが，有効だったの

はおそらくはじめの1回か2回だったのでしょう。3回目からはもう有効ではないのに，同じ方法を繰り返し使っていたようです。うまくいかない方法を使っても，うまくはいきません（笑）。当たり前のことなのですが，いつまでも「うまくいかない方法」にこだわり続けてしまうことが結構あります。

先に述べた事例の場合，いくつかの手立てが考えられます。

---

① 自分の席に座って一生懸命学習している児童をほめる・認める
② 私語や離席をすることのデメリットを説明する
③ 教師としての思いを伝える
④ 不適切な行動に過度に反応しすぎない

どの方法がよいか悪いかは，目的（例えば「落ち着いて学習させる」など）に対してどれくらい解決につながったかということです。

学級はいろいろな人間がいて，いろいろな考えや嗜好をもっています。だから，日々様々なできごとが起こります。けれども，そこで起こる問題を解決して，学級という共同体を維持していかなければなりません。

解決志向アプローチの考え方をもつと，問題の発生は成長のチャンスととらえることができます。なぜなら，問題が起こる以前よりも，学級の人間関係が深まったり，将来出会うであろう問題に正面から向き合う力が高まったりするからです。それこそが，学習指導要領でも謳われている，子どもの人間関係力の向上であり，教師としてこれ以上ない喜びだと思います。

❸ 解決志向アプローチとは

解決志向アプローチ（Solution Focused Approach，略してSFA）とは，カウンセリング心理学の1つの考え方です。

その解決志向面接の考え方を心理面接だけでなく，教育・福祉・産業などの分野に応用したものをも含めて，解決志向アプローチと言います。

2 解決志向アプローチの考え方

Point
問題が解決した状態をデザインしよう

❶ 解決とは何か

　「うちの子，ゲームばかりやっていて勉強しないんです。だから，成績もよくなくて……。どうすればいいですか？」という話は毎年の保護者面談で出てくる話題のうちの1つです。
　さて，この場合の解決とは何でしょうか。

---

① ゲームをやらなくなる
② 勉強をするようになる
③ 成績が上がる
④ ①〜③の全部

　正解は，私もよくわかりません。しかし，この時点で保護者の訴えを早々に判断して，「それはですね……」と答えを出してしまう教師は結構多いです。ここは，「知らないという姿勢」（not knowing）で，保護者の方に聞きます。

「お母さん，どうなったらいいですか？」

---

❷ 「解決」した奇跡の日⁉

　そうすると，保護者の方は解決した姿（解決像）をお話ししてくれます。

「そうですね。ゲームをあまりやらずに，毎日机に向かってくれたらいいですね」

この保護者の場合は②が正解でした（①も少し関係がありますが）。

「では，お母さん，ゲームをあまりやらないで机に向かった奇跡みたいな日って，今までに１日もなかったんですか？」

「あったかな～……ああ，そうそう。１回だけあったのを思い出しました」

「詳しくお話ししてくださいませんか？」

「確か，私が食卓の椅子に座って，何かの書類を書いていた時に，隣に来て勉強していましたね」

「お母さん，毎日お忙しいところ恐縮ですが，また，食卓の椅子に座って何か書いたり，本を読んだりするっていうのは可能ですか？」

❸「解決」を作る

今の事例で言うと，勉強をしない原因と考えられる「ゲームを取り上げる」とか，「ゲームの使用時間を制限する」というのが，一般的な解決策なのではないでしょうか。

しかし，その解決策では，ゲームができなくなったり，ゲームをする時間が短くなったりすることはあっても，保護者の望んでいる「机に向かう」になることはあまりありません。ゲームをやる代わりに，マンガを読んだり，テレビや動画を見たりする行動に変わる可能性が考えられます。

つまり，「机に向かわない」ことの原因は１つに特定されないし，複数の原因をなくしたところで必ずしも解決するわけではないのです。

解決志向アプローチでは，原因となっている事柄を探したり，その事柄をなくしたりするのではなく，問題が解決したあとの状態を，保護者や子どもの中にある資源を基にデザインして，解決を作り上げていくのです。

3 問題志向と解決志向の違い

Point
できないところではなく，できているところを見る

❶ 教室を飛び出すBさん

　ある1年生の学級で，授業中，教室を飛び出してしまう男の子がいました。この子の名前を仮にBさんとしておきましょう。担任の先生は，Bさんが飛び出していってしまうと，教室に残っている子どもたちに課題を与えて，追いかけていきます。

　飛び出したBさんは虫を眺めている時もあれば，行き交う車を数えている時もあります。「Bさん！」担任の先生は低い声で呼びますが，「うるせぇ，ばばぁ！」などと言いながら，逃げていきます。担任の先生はさらに追いかけてBさんをつかまえると，抵抗するBさんの手首をつかんで，強引に教室まで引きずっていく……というのを毎日繰り返していました。

❷ 問題志向で解決をめざす

　Bさんについて保護者も来校して話し合いが開かれました。学校は保護者が日々来校してBさんへ対応することを求めました。Bさんを支援するスタッフがいなかったからです。ところがおうちの人が突然怒り出しました。

　「うちでは家を飛び出すことはない。教室に居たくない理由があるんじゃないか。いじめがあるんじゃないか。調べて報告しろ！」

　保護者が帰ったあと，先生たちだけで話し合いました。

　「ああいう保護者だから子どもも身勝手なんじゃないか」

　「そもそもBさんは発達障がいをもっていそうだから医療機関の受診を勧めた方がいいんじゃないか」

原因はいくつか話されましたが，これといって解決策は出てきません。出てきたのは，暴れたら職員室へ連れて来ることと，折を見て保護者に受診を勧めることでした。しかし，Ｂさんの飛び出しはなくなりませんでした。

❸ 解決志向で解決を作る

解決志向ではまず，Ｂさんのできているところを見ます。どうやら，図工と音楽の時は飛び出していかないようでした。友人関係は良好で，野球が大好きでした。休み時間には，友だちとハンドベースボールを楽しんでいます。担任の先生が風邪で休んだ時に，専科の先生が自習監督に来たのですが，教室を飛び出しても，給食の前には帰って来ることがわかりました。

そこで，担任の先生は図工や音楽でＢさんに活躍の場を可能な限り与えました。さらに，休み時間にはハンドベースボールの応援にいきました。

そして，教室を飛び出すのは，本人の怠けやわがままではなくて，「イライラ虫」が出てきてしまうので，それを退治するために外の空気を吸う，ということがわかったので（「外在化」，後述），その「虫」を退治するために教室を出る時は，担任の先生に「人差し指を立てる」という合図を送る，ということにしました。

そういう方法を取り続けて数ヶ月後，担任の先生はＢさんが１日中，座って授業を受けていることに気づきました。

❹ 解決志向のすぐれたところ

このように，問題志向は原因や犯人捜しに終始してしまうことが多く，その結果，関係者は自分たちの力のなさを感じ，自分自身で解決する心のエネルギーが小さくなってしまいます。ですから，解決志向のように「すでにできていること」や「本人の資源」を見つけて，そこから解決を作っていく方が有益なのです。

4 "原因や過去"にこだわらないために

Point
問題志向のトークを，まずはきちんと聴く

❶ まず，ていねいに聴く

　多くの解決の話し合い場面で，子どもや保護者は最初に"原因や過去"にこだわった「問題志向のトーク」(プロブレム・トーク) をします。これには理由があって，いかに自分が困難な状況にあるか，いかに大変だったか，いかに自分が頑張ったかを教師に表現したい心の働きがあるからです。

　この「問題志向のトーク」は解決に結びつかないのですが，ていねいに聴き切ることが，一見遠回りに見えるのですが，"原因や過去"へのこだわりをなくすための近道になります。

❷ 必ずしなくてはいけないこと

　はじめのうちは延々と「問題志向のトーク」が続いていきます。その時に，必ずしなくてはいけないことがあります。それは，後ほど詳しく説明しますが，「コンプリメント」(compliment) をするのです。コンプリメントを訳すと，「ほめる，ねぎらう，賛辞を送る」などという意味があります。私は「ほめる」というのは，上から目線のような気がして好きではないので，「ねぎらう」とか「認める」というニュアンスで理解しています。

　具体的には，「問題志向のトーク」が続いていく中で，本人が非常に骨を折ったことや，労力を割いたと思っているであろうことに対して，「よく○○しましたね～」とか，「おうちの人は喜んだんじゃないですか？」とか，「そのように大変な中，どうして頑張れたんですか？」などと，話の腰を折らない程度にコンプリメントを入れていきます。

そうすることで，解決には直接結びつかない「問題志向のトーク」も，子どもや保護者をエンパワメントする大事なきっかけになるのです。

❸ やってはいけないこと

「問題志向のトーク」は子どもや保護者によっては延々と続いていきます。時間の都合や状況によっては（限られた休み時間に面接する時などは），途中で丁重に説明して「解決志向のトーク」（ソリューション・トーク）に切り替えることがありますが，教師が早く解決させたくて「問題志向のトーク」を打ち切ることは原則，やってはいけません。

なぜならば，子どもや保護者（特に保護者）は「問題志向のトーク」を打ち切られると，自分の置かれている状況や困難さ，頑張っていることを教師に低く見積もられている，という傷つき感を味わいます。それによって，子どもや保護者は教師を「解決を構築するパートナー」として，信頼してくれなくなります。

さらに，解決志向アプローチの「子どもや保護者が主導権をもち，教師は一歩後ろからリードする」という基本的なスタンスにも反し，子どもや保護者は解決構築を自分自身で進めていくことをしなくなります。

❹ 「解決志向のトーク」をはじめるサイン

子どもや保護者が「問題志向のトーク」をある程度すると，一区切りする瞬間が必ずあります。そこで，教師は「どうなるといいですか？」とか，「どういう風な感じになるといいですか？」「ここにきてよかったと思うためには，ここでどういう風なことが起こればいいですか？」「どうなればいいの？」「どういう風になると，『解決したね，チャンチャン！』って感じになるのかな？」などと，子どもや保護者との関係や状況に応じた質問の言葉で，解決像（ゴール）を尋ねます。繰り返しになりますが，子どもや保護者に歩調を合わせて，一歩後ろからリードするのが大切なポイントです。

5 学級経営に生かす解決志向アプローチ

Point
過去ではなく，未来に目を向ける

❶ なぜ使うといいのか

　学級では日々いろいろなことが起きます。しかも，学級は家庭と違って子どもが大勢います。トラブルが起きる原因は子どもたち個々の成育歴や発達の差など，深いところに根差しています。

　しかし，そのように起きるトラブルの初期対応をするのは担任ただ一人であり，トラブルが起きている間，教師は解決のためのエネルギーを奪われます。また，トラブルを抱えている学級は，成長するエネルギーをやはり奪われています。ですから，いち早くトラブルを解決して，子どもたちがよりよく成長する環境を整える必要があります。それを叶えるために，問題を早く解決することができる解決志向アプローチは有効なのではないかと思います。

　そして，トラブルが起こった時，原因探しは犯人捜しにつながることがあります。学級は子どもたち全員が等しく扱われ，成長する機会を等しく保証される場ですから，ある子がよい子で，ある子は悪い子というラベルを貼る指導は非人道的です。原因探し，犯人捜しではなく，「解決すると学級はどういう姿になるのか」とか，「解決をしたあと，私たち（子どもたち）はどういう行動をとるのか」を探していく，未来に焦点を当てた指導は大変教育的だと私は思います。その方法として解決志向アプローチを用いるのは大変理にかなっていると思います。

❷ 使うとどうなるのか

　結論から言うと，子どもたちはトラブルに対して過度な恐れを抱かなくな

ります。なぜならば、トラブルは何らかの形で解決できるし、そのための力を自分たちはもっているという自信がつくからです。さらに、トラブルの原因や過去ではなくて、自分たちがこれからどうしたいのか、そのために何ができそうか、何ができているかを考えるようになります。

　交流分析の祖であるカナダの精神科医、エリック・バーン先生が次のような言葉を残しました。

> 他人と過去は変えられないが、自分と未来は変えられる。

　子どもたちには、解決志向アプローチを用いた学級経営で、そのような心もちが育っていきます。

❸ 何からはじめるか

　とはいえ、学級が急に解決志向のクラスになることはありません。これを私は「3分ラーメンの法則」と呼んでいます。どういうことかというと、カップ麺のように3分でできるラーメンは、できてから3分以内に食べないと味が落ちてしまうけれども、コトコト時間をかけて作ったカレーは、次の日もおいしいし、ともすると前日よりもおいしくなるというたとえ話です。学級作りも同じように、じっくり作っていくものだと考えています。

　そこでまず、「どういうクラスになりたいか」を子どもたちに尋ねます。しかし、これは新学期に学級目標を作るという教育活動でおなじみですね。そこに少し手を加えて、① 学級目標が具体的にどういう姿かを明らかにする、② ①の中で次に実現できそうなものを選んで行動する、を学級活動で取り組んでみると大きな一歩になるのではないでしょうか。

1章　解決志向アプローチって？

2章　解決志向アプローチの中心哲学

1 解決志向アプローチの3つの哲学

Point
うまくいっていることは，変えてはいけない

❶ 哲学，といっても……

　解決志向アプローチには3つの哲学があります。哲学，と聞いて少し驚いた方もいると思いますが，簡単に言うと根本原理・原則のことです。

> ①　うまくいっているならば，それを変えてはいけない
> ②　うまくいっているならば，もっとそれをしよう
> ③　うまくいっていないならば，何か違うことをしよう

　え!?　それが哲学なの？　智を愛するんじゃないの？　と思った方，これが解決志向アプローチの哲学です。拍子抜けしましたか？　そんなの当たり前じゃないか，と思った方もいるでしょう。しかし，問題状況にある時，私たちはこの当たり前を見逃して，解決から遠ざかる方へ進んでいることが多いのです。

❷ うまくいっているということの意味

　教師にありがちなのですが，「何もしないのは怠惰だ」と思う真面目さがあるせいか，うまくいっている部分までいじってしまって，かえって状況が悪くなることが結構あります。「①うまくいっているならば，それを変えてはいけない」の原則は，真面目で誠実な人ほど破ってしまう原則です。介入する部分としない部分を見極めて，うまくいっている部分は，そっとしておくことが大事です。

ある学校であった話です。この学校の校庭は市内でも有数の水はけのよいものでした。朝方に多少雨が降っても昼前には乾いていましたし，前日にずうっと雨が降っていても，夜半くらいにやめば朝から普通に体育ができました。ところが，その学校が体育の研究指定を受けることになって予算がついたので，校庭の整備をしたのです。名目は，校庭を整備して転んでも怪我をしにくい状態にしよう，というものでした。連日校庭を重機が走り，校庭の土を掘り返して，整地をしてついに完成しました。

　ここまで読むともう結果が予想できると思いますが，整備したことによってあれほど水はけがよかった校庭は，1度雨が降るとその後2日くらい使えなくなりました。校庭がぬかるんで使えないので教室で違う教科を行う機会が多くなり，整備をしたことでかえって体育ができない日が増えてしまったのでした。

　うまくいっている時というのは，目に見えるもの，目に見えないもの，気づかないことなどを含めて，うまくいくための様々な要因がバランスよく働いているのです。ですから，うまくいっていることの何かを動かしてしまうと，バランスが崩れて全体が機能しなくなることがあります。それゆえに，うまくいっているならば，変えてはいけないのです。

❸ 当たり前なことは見過ごしやすい

　②の哲学「うまくいっているならば，もっとそれをしよう」も，①と似ています。うまくいっているのであれば，そのやり方を変えずに続けていくことが重要です。

　しかし，人間はうまくいっていることは「当たり前」という意識になっていて，特に努力をしなくても自動的に行っていることが多いです。だから実際はうまくいっているのに，うまくいっているという自覚がないので見過ごしていることが多いものです。

　あるお母さんが息子とのコミュニケーションがうまくいかないことを面談で話されました。「高学年になってから，話しかけてもあまり答えてくれな

いし，学校のことを話してくれません」。思春期に入るとよく見かける家庭の光景ではあります。

そこで，高倉健さんばりに寡黙なのかと思いながら，「どういう時はわりとお話ししますか？」と聞くと，「そういえば……，実は甘いものが大好きなので，何かしらのスイーツをおやつに出すと結構しゃべりますね」と。「じゃあ，お母さん，今日は息子さんと話したいな〜と思う時は，スイーツを買って待ち構えておくのはどうでしょうか……」(笑)と提案をしてみました。

❹ 解決志向アプローチの肝

この話を懇談会などで話すと笑われることが多いのですが，解決志向アプローチの肝はここにあると言っても過言ではありません。

問題の解決構築は，なにも専門家が専門的な知識や方法を使ってするものだけではない，ということです。つまり，その解決の方法に科学的な根拠や効果があり，数値化されたり証明されたり……，のようなものがあれば大変すばらしいし，使わせていただくのですが，必ずしもそういうものが存在するわけではありません。例えば，今，例に挙げた思春期に差しかかった男の子とどのようにコミュニケーションを取るか，というテーマに対して，まさにケース・バイ・ケース，オーダーメイドの解決方法が求められます。

科学的に証明された解決策があれば使わせてもらうし，なくても何らかの方法で目の前の事態に対処していかなければならないのが日常なのではないでしょうか。だから，この際，子どもや保護者が幸せになるなら，こだわりは捨てて「何でもいいとこ取りで使う！」と宣言をしてみましょう。

話がそれたので，元に戻します。

うまくいっていること・うまくいく方法には，①の時と同じように，うま

くいく何らかの理由があります。それは目に見えたり，見えなかったりします。ですが，状態をよい方向に進めるだけの何らかの理由，何らかの働きが必ずあるのです。ですから，その資源を使わない手はないのです。

ざっくりした言い方をすると，何だかよくわからないけれど，よい方向に働きそうだから使ってみよう，ということが，「②うまくいっているならば，もっとそれをしよう」の哲学です。

❺ 方法は1つじゃない

さて，3つ目の哲学「③うまくいっていないならば，何か違うことをしよう」についてです。これも冷静な時ならば，当たり前に思える哲学なのですが，問題状況の真っただ中の時は，なかなか切り替えることができません。

何回やってもダメならば，次もダメである可能性は高いのですが，日本的ガンバリズムというのか，美徳というのか，なかなか勝ち目のない消耗戦を降りることができない人がいます。特に，真面目な人ほど1つの方法へのこだわりが強く，違う方法へ変えることを負けとすら思うようです。

前の項でも書いた通り，私たち援助職は子どもや保護者のためにあります。ですから，方法へのこだわりが大事なのではなく，子どもと保護者をいち早くよい状態にする，というのが1番大事なことです。

まずAという方法でやってみて，ダメならBという方法，それでもダメならCという方法……。それらの方法のうち，どれかがうまくいけば，②の「うまくいっているならば，もっとそれをしよう」につなげるわけです。

「③うまくいっていないならば，何か違うことをしよう」の理解を進めるために，ここでさらに例を挙げます。

ある学校にいた時，地域の相撲大会が毎年ありました。私は相撲の指導を担当することになり，休み時間の度に体育館にマットを敷いて子どもたちと練習していました。その中に，コウちゃんという3年生の男の子がいました。このコウちゃんは，3年生にしてはやや小さく，細い体をしていました。しかも，泣き虫。相撲の練習では負ける度に大泣きして，壁の前でうずくまっ

ていじけてしまいます。

　その子の相撲の取り組みを見ていると，体が小さいのに正面からぶつかって，すぐに投げられたり，つぶされたりして負けてしまっていました。つまり，体格からいって，正面から当たっていく勝負の仕方では，絶対に勝てないのです。それなのに，いつもいつも正面から当たっていくのです。

　そこで，下級生である2年生からぶん投げられて泣きじゃくっているコウちゃんに声をかけました。「負けるのは悔しいね」コウちゃんは頷きます。「勝ちたいよね？」コウちゃんは大きく頷きました。「先生，きみの必殺技を考えたんだけど，やってみる？」体育座りをしていたコウちゃんは，涙でぬれた瞳を大きく開けて，私を見上げて頷きました。

　「必殺技」なんて言うと誠に仰々しいのですが，単に「足取り」を教えたのでした。コウちゃんは身長が低いので，すぐに相手の懐に入れます。そして，相手の片足を両手で抱え上げると，自分の体重をかけてそのまま倒します。この方法がコウちゃんにはピタリとはまり，本番ではなんと3年生の部で優勝してしまいました。いつもは悔し涙を流しているコウちゃんが，この時は飛び上がって嬉し涙を流していました。もちろん，隣にいたお母さんも泣いていたことは言うまでもありません。

❻ 3つの哲学を使って……

　この3つの哲学は対人援助の場面だけでなく，自分自身の学級経営をふり返る時にも有効なのではないかと私は考えています。

　現代の世の中は，いろいろな価値観があふれ，そのいろいろな価値観をもった保護者や，その価値観に基づいて育てられた子どもが学校というコミュニティーを構成しています。

ですから，何がよくて何が悪いのかとか，何を許して何を許さないかなど，教師は一瞬一瞬に判断を求められています。例えば，授業中に「先生，トイレに行ってきていいですか？」と聞かれた時，たいていは「いいですよ。できれば休み時間に済ませてきてね」と言いますが，授業があと1分で終わるような場面では，「もう少しで終わるから，ちょっと待っててね」と言うのか，我慢の限界で申し出たのかもしれないから「行っておいで」と言うのか，判断を迫られるのです。

　学級経営というのは，それらの教師の小さな判断の積み重ねが，子どもたちにどう伝わったのかの総体です。自分自身の学級経営をふり返る時に，この3つの哲学を使うと迷わず進めるのではないかと思います。

---

① 今日，うまくいったことは何だろう？
② ①のことを続けていこう
③ 今日，うまくいかなかったことは何だろう？
　　（もしあれば）明日は違う方法を試してみよう

　教師は真面目な人が多いので，うまくいかなかったことが先に思い浮かんでしまうことが多いです。ですが，解決志向アプローチでは，まず，うまくいっているところに注目します。ですから，自分自身に解決志向アプローチを当てはめる時にも，最初に「できていること」「うまくいっているところ」に注目して，自分自身をエンパワーする（元気づける）ことが大事です。

　教師自身がエンパワーされるから，学級をエンパワメントできるのです。

❼ シンプルだけど奥が深い

　以上，解決志向アプローチの3つの哲学を説明してきました。一見，複雑かつ難解に思える解決志向アプローチも，実は単純な原理に基づいて動いていることがおわかりになったと思います。しかし，哲学はシンプルであるものの，奥が深いということを理解されることになると思います。

❷ 発想の転換って？

Point
問題解決の専門家は，子どもや保護者自身である

❶ 右利きを左利きにする

　私たちは今まで，問題志向アプローチに慣れてきました。問題志向アプローチとは，問題の原因を特定して，それに対処するという考え方です。

　しかし，解決志向アプローチは，これとはまったく違う方法で考えます。解決志向アプローチで解決を作る時，いくつかの「発想の転換」をする必要があります。このことを称して「右利きを左利きにする」と言われています。

❷ 3つの「発想の転換」

---

① 変化について
　変化は絶えず起こっていて，小さな変化は大きな変化を生む
② 解決について
　問題について知るよりも，解決について知る方が有益である
③ リソース（資源）について
　解決のリソース（資源）は子どもや保護者自身がもっていて，彼らは解決の専門家である

　この3つの「発想の転換」は，前節であげた3つの「哲学」と共に重要な考え方です。しかし，考えてみると「哲学」と同様に，まぁ，そうだろうなぁ，と思うくらい，取り立てて新しさやすばらしさを感じないと思います。それくらい当たり前に思えるので，見落とされがちになるのです。

❸「発想の転換」をざっくり言うと……

　例えば①の「変化について」ですが，芸事をやっている人の例で説明したいと思います。ある時，雅楽器の篳篥(ひちりき)をはじめた人がいました。何回息を吹き込んでも音が出ません。毎日，毎日，リード（舌）から吹き込んだ息は虚しく管を通り抜けていきました。しかし，何日も何日も吹き続けているうちに，くわえているリードに少し力を入れたら，偶然，豆腐屋さんのラッパのような音が一瞬だけ出ました。

　次からリードのくわえ方をいろいろ変えて息を吹き込んでみると，音がだんだん出るようになってきました。音が出るようになったので，穴をふさいでいる指を動かして，音の高低を変える練習をはじめました。（中略）今では，いろいろな楽曲に挑戦しています。

　つまり，音が出ない日々を一見すると状態が変わらないように見えますが，少しずつ変化しています。そして，「リードを少し強くくわえる」，という変化は「音が出る」という大きな変化につながっているわけです。

　②の「解決について」ですが，風邪で病院に行った時を想像してください。お医者さんと相談して，風邪をひいた理由や，それまでの食生活，睡眠時間，運動の有無，免疫状態を知ることよりも，治すための薬や治すための生活の仕方を知る方が有益ですよね。

　③の「リソース（資源）について」ですが，これを見落とす教師は意外と多いように思います。教師という職業を選ぶ人は，誰かの役に立ちたいと強く思う人が多いので，自分が何とかしようといろいろなものを背負ってしまうことがあります。ですから，自分が（教師が）処方箋を出して，それで問題を解決するという発想を転換して，解決の専門家は子どもや保護者であり，解決のためのリソースは子どもや保護者の中にある，ということを肝に銘じておかなくてはいけないと思います。

　それでは「発想の転換」について，次節から詳しく説明していきます。

3 「変化」についての発想の転換

Point
小さな変化が大きな変化を生む

❶ 毎日見ていると気がつかない

ここで「変化」についての発想の転換についておさらいをします。

> 変化は絶えず起こっていて，小さな変化は大きな変化を生む

　夏休み明けの始業式。子どもたちが浅黒く焼け，身長も伸び，精悍な姿で登校してくることに気づきます。40日間会わないだけで，子どもたちが知らないうちに大きく成長した感じがします。
　しかし考えてみると，４月の始業式から夏休みに入るまで登校日にして70日，休日も入れると100日間一緒に過ごすわけですが，夏休み明けほど成長の差を感じません。
　同じように，時計の長針や短針をじっと眺めていると，それほど時間が経つことを感じませんが，時計から目を離して何かに没頭していると，いつの間にか時計の針が大きく動いているのに気がつきます。
　変化というのは見ている人が気づくか気づかないかに関係なく絶えず起こっている，というのはこのような例からもよくわかると思います。しかし，毎日一緒にいると，その絶えず起こっている変化に気がつかないのです。

❷ 変わらない方が難しい

　平家物語に「諸行無常」という言葉が出てきます。この世の一切のものは姿も本質も流動・変化し続けています。この文章を書いている私も前の行を

書いている時よりも老化しているのです（泣）。

　どんな子どもも日々成長し続けています。今日の子どもは昨日の子どもとは違うし，明日の子どもは今日の子どもとは違います。しかし，変わらないという「同一性」を前提に考えないと，生活していく上でややこしいので，昨日の自分と今日の自分，明日の自分が同じであるということになっています。

　学級の子どもによく言う言葉があります。

> 今の自分がず～っと続くわけじゃない。人は変われるんだよ

　子どもも保護者も，今の自分が変わらないことを前提に生きています。けれど，人は変わろうとしなくても変わってしまうし（よくも悪くも），変わろうと思えば自然に変化する以上の変化を遂げることができます。

　ここで変化した例を少し紹介したいと思います。私が担任した最初の年に，欠席日数30日以上の長期欠席だったCさんがいました。Cさんを次の年も担任したのですが，ギリギリで欠席日数が30日未満に収まり，何とか長期欠席ではなくなりました。さて，小学校を卒業したあと，中学校へいってからまた長期欠席してしまうのだろうかと心配していたら，予想に反して皆勤賞を取った上に，生徒会の役員になっていました。

　偶然，道でCさんに会いました。するとCさんは私のところへ近づいてきて，「先生，私，毎日学校行ってるよ～」と教えてくれました。そこで私がすかさず，「何がよかったのかな～」と聞いてみました（注：解決志向的な質問技法です）。

　Cさんは，「う～ん，よくわかん

2章　解決志向アプローチの中心哲学

ない！　まぁ，先生，そういうこともあるんだよ。どんまい！」と言いました。それを聞いた私はずっこけてしまったのですが，ともあれよく変化してくれてよかったな～，と思ったのでした。

❸ 実はこのボタンでした

　「小さな変化は大きな変化を生む」のイメージについて思い浮かぶのは，ロールプレイングゲームやアドベンチャーゲームに出てくる，小さいけれども先に進むのに欠かせないアイテムです。

　小さい鍵を差し込んでみたら，池の水がすぐに干上がって入口が現れたり，何もないと思って叩いた壁のブロックが，実は地下につながる扉を開けるスイッチだったり……。

　注意して見ていないと気づかない，あるいは以前から知っていたけれど，どういう働きをするのか知らなかった，そのようなものが意外と大きな働きをしたり，大きな働きの第一歩につながっていたりすることがあります。

　だから，解決を作る解決志向アプローチでは，一気に解決に向かうわけではないような，小さな変化も大切にしますし，その小さな変化が大きな変化を生み出す計り知れない力をもつことを肝に銘じて，「発想の転換」として常に心に留めているのです。

❹ 小さな変化をあなどることなかれ

　私が駆け出しの教師の頃，クラスを上手にまとめることができずに悩んでいました。放課後に教卓のところに立ち，子どもたちの机を眺めていました。ふと窓に目をやると，窓ガラスが砂やホコリで汚れていることに気づきました。「そうか，子どもたちはこんな汚い窓ガラスから差し込んでくる光に照らされて勉強しているんだな」，と思い，急に申し訳なくなりました。そこで，急遽，窓ガラスを拭くことにしました。

　次の日，子どもたちが少しだけ落ち着いたように思えました。そして放課後，また教卓のところに立ち，子どもたちの机を見回しました。すると，子

どもの机が墨で汚れていることに気づきました。そこで，子どもたちの机を雑巾で拭いてみることにしました。墨は水拭きでは落ちませんが，図工の先生に聞いてみたら消毒用エタノールがいいと言うので，薬局に走っていって500円くらい出して購入し，拭いてみました。水拭きでは擦ってもわずかにしか落ちなかった墨は，魔法のようにきれいに落ちました。子どもたちの机をひと通り拭いてみると，木が水を吸ったような臭いと，微かにエタノールのアルコール臭が教室に残りました。

あくる日，子どもたちはまた少しだけ落ち着いたように感じました。放課後，職員室に向かって階段を下りていると，階段がホコリだらけなことに気づきました。掃除は昼休み後に行われますが，5時間目，6時間目，下校，と時間が経ち，子どもたちが通過する度に，いつの間にかホコリがたまってしまうのでした。「そうか，翌朝子どもたちはこのホコリがたまった階段を見ながら，教室へ向かって歩いてくるんだな」そう思うと，いてもたってもいられず，教室の掃除用ロッカーからホウキとチリトリを持ってくると，階段を掃きはじめました。通りかかったベテランの先生が，不思議そうな顔をして「岩田先生，偉いね」などと声をかけてくれました。

するとまた，子どもが少し落ち着いたように感じたのでした。

❺ 最終的に……

そのように教室で小さな変化を起こしていくと，どういうわけか1学期には授業中5～6人は立ち歩いていた子どもたちが，2学期には全員座るようになっていました。そして，ケンカばかりしていた学級が，少しずつ仲よく遊べるようになってきました（もちろん，時々ケンカは起きましたが……）。

今挙げてきた例だけを見て，「そうか，学級をまとめるのには窓拭きがいいのだな」とか，「階段掃除が効果的らしいぞ」という考えが間違いであることは言うまでもありません。何がいいのかは，学級ごとに違います。ただ，私の起こした小さな変化が，私のもった難しい学級には有効で，大きな変化をもたらしたということは確実に言えると思います。

4 「解決」についての発想の転換

> **Point**
> 決めゼリフは「さしあたって，何をしましょうか」

❶ 問題を話し合う会議

さて「解決」についての発想の転換についてもおさらいしましょう。

> 問題について知るよりも，解決について知る方が有益である

ここで，ある学校の生徒指導部会議でDさん（中2女子）について話し合われた様子を紹介します。

> Dさんは朝，登校時刻に来ない。しかも，学習用具は揃っておらず，服装や頭髪も乱れている。教室から出ていくことが何度となくあり，戻って来ても私語が多く，周りに迷惑をかけている。この間，鉄道の高架下で火遊びをしているところを近くの駐輪場のおじさんに見つかって，学校に連絡がきた。最近はネットゲームにはまって，とんでもない金額を親のクレジットカードから課金してしまったらしい。

延々とDさんの「罪状」をあげつらうように，問題点が報告されていきます。1つ問題点が話される度に，参加している先生たちはため息まじりの声を上げています。

担任の先生が，問題点を報告する度にDさんはどんどん「困った生徒」としての色を濃くしていきます。「そのうち万引きをするようになるんじゃないか」などと，マイナスの予想がどこからともなく広まっていきます。とん

でもなく大きな問題を抱えた生徒がいて，学校は対処に苦慮しているという雰囲気が充満してきました。

次に過去のDさんをふり返り，家庭の状況にも話が及びます。

> 小学生の頃はミニバスケットボールで活躍していて，キャプテンをしていた。大会が終わってから，打ち込むものが何もなくなっていた。そのうちに，家庭の事情で転校してきたEさんと仲よくなって，その頃からDさんの様子が変わってきたらしい。リーマンショックの影響で家の経済状態が悪くなり，専業主婦の母が働きに出るようになった。

「打ち込むものがなくなったのが原因だから，部活をやらせたらどうか」「いやいや，Eさんとの交友関係が原因だから，つき合いをやめさせたらどうか」「きっと，母親が働きに出たのが淋しいのだろう。経済状態が厳しいのはわかるけど，この際だからお母さんにもっと家にいてもらうように働きかけたらどうだろう」「それは無理でしょう」などと，「原因」の解釈に基づく議論が侃々諤々行われて，結局，これといった具体的な手立ても出ずに，「では，引き続き指導していく，ということで……」などと会議が終わりました。

❷ 問題はたくさん，原因はもっとたくさん

Dさんのケースのように，生徒指導部会議の議題になるような生徒の問題をリストアップしようとすると，数え切れないほどの問題点が出てきます。また，問題について話し合おうとすると，会議に参加している人たちは問題志向になるので，「ここにも問題が！」「あそこにも問題が！」と，問題探しの会議になる傾向があります。

そして，たくさんリストアップされた問題行動には，参加者の解釈によって複数の「考えられる原因」がくっついてきます。問題志向の話し合いでは，原因が明らかにならないと解決はしないと参加者が考えているので，先生た

ちの解釈が一致しない場合は議論が紛糾します。特に，自分の生徒理解や問題行動の解釈に自信をもっている先生が複数いると，会議が長くなる傾向があるようです。

問題はたくさんあって，それらの原因はもっとたくさんあります。それなのに1つの原因の解釈を先生たちで「共通理解」するためだけに，多くの時間を割いてしまいます。時間はどんどん経つのですが，これといった解決策は1つも出てきません。

❸ 解決を話し合う会議

さて，Dさんについての会議ですが，どのように進めていけばいいのでしょうか。こういう場合，Dさんがどうなればいいのか，解決した姿を参加者全員で描きます。

> 朝，時間通りに登校する。髪型は中学生らしく清潔感があって，制服もきちんと着ている。授業中はとりあえず50分間自分の席に座っている。学級では，友人たちと建設的にかかわってクラスのメンバーとして係や当番を，一応やる。幽霊部員のようになったバスケットボール部の活動に，以前のように一生懸命取り組む。

言わずもがな，今のDさんの状態からすると，実現する可能性は低いような感じがします。しかし，最終的な姿はこのような状態であり，解決志向アプローチではこれを「解決像」と呼んでいます。

もちろん，いきなり「解決像」をめざすのではなく，まず，さしあたってできそうなこと，あるいは部分的にもう既にできていることをめざします。この解決像へつながる小さな目標を，「ゴール」と言います。

今，紹介した「解決像」と「ゴール」の関係について，森俊夫先生と黒沢幸子先生（2002年）が次のようにすばらしいたとえで表現しているので，紹介します。

> 解決像は北極星，ゴールは１本目の電柱

めざすのは北極星なのですが，まずは１本目の電柱に向かっていきます。

❹ １本目の電柱はどれか

　Dさんの解決像のうち，さしあたってできそうなゴールはどれでしょうか。どれも難しそうな感じがしますが，Dさんが既にできていることや，できそうなことを会議に参加している先生たちに考えてもらいます。場合によっては，付箋を使ってもいいと思います。

　すると，朝の登校時刻が守れている日があることがわかりました。そこで，登校時刻が守れている時には何があるのか，先生たちで注意して観察することになりました。

　次の会議の時，登校時刻が守れている日には傾向がある，ということが報告されました。どうやら，登校時刻が守れていたり，比較的軽い遅刻だったりする曜日がぼんやりと見えてきたのです。また，登校時刻が守れている時のDさんは，表情が明るいこともわかりました。

　実はこのDさんはあるお笑い芸人のファンで，この芸人さんが出ているテレビ番組が放映された翌日は，友だちとその話をしたいので早く登校することがわかりました。その後，この芸人さんの話題を軸に，担任の先生はDさんとコミュニケーションを図ることにしました。

❺ 問題志向の会議を解決志向に変える一言

　問題志向の会議で，議論が一息ついたところで，「先生方，さしあたって，何をしましょうかね〜」と，のどかに言うと，一瞬にして解決志向に切り替わります。機会があったら使ってみてください。

5 「リソース」についての発想の転換

Point
ないものではなく，あるものを探す

❶ 欠点は見つけやすい

発想の転換の最後「リソース」についてお話しします。

> 解決のリソース（資源）は子どもや保護者自身がもっていて，彼らは解決の専門家である

ここでちょっとした実験を紹介します。Ａ４の紙１枚を用意します。そしてその紙を縦に置きます。縦に半分に折って，真ん中に折り目をつけたら開きます。そして，自分のよく知っている人を一人思い浮かべてください。できれば家族の誰かがいいでしょう。既婚者はパートナーを，子どもがいる方は我が子を思い浮かべるといいかもしれません。

その紙の左半分に思い浮かべた人の欠点や，努力した方がいいところ，もう少し何とかしてほしいところを箇条書きにしていきます。時間は１分です。次に，紙の右半分に思い浮かべた人の素敵なところやよいところ，大好きなポイントを書いていきます。これも時間は１分です。

それぞれを書き終えて，どんなことに気づきましたか。左右の個数に差があった人，右側の素敵なところやよいところがなかなか出なかった人がいるのではないかと思います。

この実験をするとわかるのですが，つき合いはじめや新婚のカップルは右側の個数が多くて，家族や長く連れそったパートナーを思い浮かべると，左側の個数が多くなる傾向があるようです。

つまり，よく知っている人や長くいる人については，よい点や長所を見つけるよりも，問題点や欠点を見つけることの方が簡単だ，ということなのです。

❷ ないもの探しから，あるもの見つけへ

　問題点や欠点というのは，その人が「もち合わせていない能力」と言い換えることができます。「ない袖はふれない」という言葉があるように，ないとわかっている能力を，「あの人は〇〇の能力がないんだよね～」と言ってみたところで，解決につながることはありません。ない能力は使えないからです。

　それなのに，問題点や欠点をあげつらうのは，話し手が自分たちが頑張っていることを認めたり・労ったりしてもらいたいからかもしれません。そのご苦労には頭が下がりますが，解決自体には結びつかないのです。

　その一方で，その人のもっている力やリソース（資源）は解決に役立たせることができます。ドラえもんに出てくる「四次元ポケット」の中身のように，どんな道具があるかによって解決の方法が見えてきます。

　ですから，ないものを探すのではなくて，あるものを見つける方が解決につながるのです。

　何がリソース（資源）になるかについてですが，それこそ何でもリソースになると私は考えます。保護者面接などで私は，「お子さんが得意なことは何ですか？」とか「お子さんの好きなことって何ですか？」などと聞きます。大好きなゲームやアニメのキャラクターも，大切なリソースになります。

　先ほど，ドラえもんの「四次元ポケット」を例に出しましたが，ドラえもんがのび太くんの願いに応える時に，「四次元ポケット」の中を探していて，解決には直接結びつかないガラクタみたいな道具が時々顔を出すことがありますね。リソースはそのように，いつ，どこで，どんな風に役立つかわからないので，一見ガラクタに思えるリソースも，「教師の四次元ポケット」に入れるつもりでたくさん見つけておくといいのです。

❸ 解決策はオーダーメイド

　授業をはじめようとすると、二人で１冊の教科書を開いている子どもが目に入る時があります。そうです。二人のうちのどちらかの子が、教科書を忘れたのです。何年も学級担任していると、はじめから忘れものが少ない学級もあれば、なかなか減らない学級もあって、その対策に苦慮することがあります。

　「連絡帳」なるメモを子どもたちに毎日書かせ、教師がチェックの印を押しているにもかかわらず、忘れものをする子はいます。さぁ、授業をはじめるぞと思っている矢先に、「先生、教科書を忘れました」という訴えがあり、やる気の腰を折られると、教師も人の子ですからいい気分はしません。「忘れました」の子が複数現れると、さすがに感情が動きます。

　「連絡帳に書いたのに、何で忘れるんですか！」と言いたくなりますね。

　「忘れものをしない＝学習用具を揃える」解決策として、ほとんどの子は連絡帳が有効に働いています。しかし、忘れものをする子たちにとっては、連絡帳を書くことが解決策になっていないのです。話を聞いてみると、連絡帳を教室で書いてランドセルにしまうわけですが、次に連絡帳を開くのが翌日の教室で連絡帳を書く時、などという笑えない話もあるのです。

　そこで忘れものをよくするＦさんと作戦会議をしました。そうしたら、Ｆさんは手に書くと絶対忘れないと言うので、忘れたら本当に困るような調理実習や図工の持ちものはペンで手に書くようになりました。しかし、困ったことが起きました。ある時間の図工の持ちものが多くて、手に書いたメモがひじの方までいってしまいタトゥーみたいになってしまったのです。

　さすがに本人もこれには困って、次の解決策を考えました。今度は、連絡帳を開いて家の冷蔵庫にマグネットで貼るというアイデアを思いつきました。つまり、文字の書いてある方が見えるように半分に折って、クリップがついた強力マグネットで挟んで冷蔵庫に貼りつけるのです。家で麦茶を飲む時に冷蔵庫を何回も開けるから、連絡帳を見ることになるというものでした。そ

れで，家には連絡帳を挟むようなクリップつきの強力マグネットがないから，黒板のそこに貼ってあるマグネットを貸してほしいと言いました。

銀色のよくあるクリップつきマグネットを貸したのですが，その後Fさんは忘れものをほとんどしなくなりました。冬の個人面談の時にFさんの保護者が封筒にくるまれたものを私に返してきました。「先生，これ，長らくありがとうございました」。封筒の中を見ると，私も貸したことすら忘れてしまったクリップつきの強力マグネットでした。

だいぶ前から連絡帳を冷蔵庫に貼ることをやめていて，マグネットだけが冷蔵庫に貼りついていたそうです。いつまでもマグネットを借りたままでは申し訳ないと思って，お母さんがFさんに尋ねたら，「もう先生に返していいよ」と言ったので持って来たというのです。

❹ 解決の専門家は本人

はじめから，連絡帳をしっかり見て，翌日の持ちものをちゃんと揃えることができる子だけの学級なら，教師にとって楽ではありますが，実際にはそんなことは滅多にありません。

教室にはいろいろな特徴をもった子がいて，日々，奮闘しています。大事なのは忘れものに代表される本人にとっての「困り感」自体を解決していくことですが，それと共に大事なのは本人の「困り感」を自分で解決していく方法を学んでもらうことだと思います。

ですから，解決策は個別的で一般化できないのです。私自身，忘れっぽいので，忘れないためにあちこちに付箋を貼っています。でもFさんの解決策は付箋ではなく，連絡帳を貼りつけることでした。

そのように，自分の中のリソースに気づいて，自分でできることを増やしていくのが解決志向アプローチですが，これは教育の目的とまったく同じなのではないかと思います。自分の人生の主人公が自分自身なように，解決の専門家も子どもや保護者自身なのです。

3章　解決志向アプローチにおける関係性

1 関係性とは何か

Point
子どもにとって，「重要な他者」になる

❶ 言われて嬉しい人，嬉しくない人

　教師という職業についても，いろいろな人から教えられることがあります。上司だったり，保護者だったり，子どもたちだったり……。同じことを言われているのに，「確かにそうだなぁ」と深く心に残ることもあれば，「あなたに言われたくない！」と思うことがありませんか？　それこそが関係性の違いです。

　以前，教育実習生を毎年六人ずつくらい受け入れていたのですが，彼らにまず言うのは，子どもにとって「重要な他者」（significant others）になりなさい，ということでした。子どもから見て，教えられたり，時に叱られたりしても，「確かにそうだな」とか「自分が悪かったな」と思うためには，教師が「重要な他者」になる必要があるのです。

　「重要な他者」になるためには，その人間とのかかわりを増やすこと。何よりも，子どもは自分のことを好きでいてくれる大人が大好きです。1番簡単な方法は休み時間に子どもと遊ぶこと，給食を子どもたちの班で食べることなどがよいと思います。

❷ 関係性の落とし穴

　先ほど「言われて嬉しい人，嬉しくない人」は，その人が「重要な他者」になっているかどうかが関係していると言いましたが，もう1つ，衝撃的な

理論があります。

> 両者に良好な関係ができている時，会話の「内容」が伝わるが，関係ができていない時，会話の内容でなく「関係の悪さ」が伝わる

これを唱えたのはポール・ワツラウィックという人です。確かに先ほど挙げた例がまさに当てはまっていると思いませんか？ 自分の学級の子どもに指導するのと，他の学級や学年の子どもを指導した場合とで伝わり方の違いを実感しますが，その現象はここに由来するようです。

❸ とはいえ，指導しなければならないのが教師

じゃあ，関係ができている子どもや保護者だけ支援します，というわけにはいかないのが私たち教師です。むしろ教師に対して敵意すら感じている子どもや保護者にも，等しく支援していかなくてはいけません。

そこで，教師である自分と，相手との関係性を読み取って，それに合わせた支援・指導の方法を選択する必要があります。解決志向アプローチでは，関係性を判断する３つの基準と，それに応じた支援・指導の方法を提供しています。まず，３つの基準を紹介します。

> ① 通行人タイプ（ビジタータイプ・クライエント）
> ② 不平・不満タイプ（コンプレイナントタイプ・クライエント）
> ③ 前向きタイプ（カスタマータイプ・クライエント）

何やら聞き慣れない言葉が出てきて難しそうですね。でも，子どもや保護者とのかかわりの中でもう既に経験済みの関係性だと思います。それに名前をつけたら難しくなっただけです。

次節からその３つの基準と，支援・指導の方法を説明していきます。

2 通行人タイプ

Point
解決する意志をもっていない人には，指導は通じない

❶ 熱血が通じるのはドラマだけ？

　ある学校の話です。休み時間に若い先生が大声で子どもたちを指導（叱責？）しました。あまりの声の大きさと迫力に他の先生たちは，「ずいぶん気合い入れてるね」などと苦笑していました。しばらくすると，校長室に子どもたちが大挙して入って来て，「ぼくたちがあんな風に怒られるのは理不尽です。あの先生を何とかしてください」と訴えました。

　校長先生がその子どもたちの話を詳しく聞いてみると，①怒られる理由がよくわからない，②たとえ自分たちに誤りがあっても，あのような怒られ方は納得がいかない，というものでした。そこで今度は，怒っていた若い先生を呼んで事情を聴きました。

　すると，子どもたちの部活の取り組み方について指導したというのです。集合時刻に揃わなかったり，必要な持ちものを忘れる子が多かったり，練習の時に声が出ていなかったり……。確かに，教師としては指導する必要があるし，目的自体に間違いはないと思います。

　また，大きな声で指導するというのも，教師の本気を見せるためには時として必要な場合があると思います。しかし，子どもたちには，理不尽だと受け取られたようです。それは，この時の教師と子どもたちの関係が次のようなものだった可能性があります。

通行人タイプ（ビジタータイプ・クライエント）

❷「通行人タイプ」とは何か？

「通行人タイプ」と私は呼んでいますが，正式には「ビジタータイプ・クライエント」と言います。街を行き交う通行人が，横断歩道を縦横無尽に歩いていく様子を想像してください。一人一人がそれぞれの目的地に向かって歩いているわけですが，横断歩道という場においては通過する以外に特に目的もなければ，「さぁ，横断歩道をわたるぞ！」という動機づけもないわけです。

そこで，通行人をつかまえて，「いいですか，横断歩道というのはですね，道路交通法第12条で使用する義務が歩行者にあるんです！」と力説してみても，通行人にとっては「？」ですし，「そもそも何でこの人が私に横断歩道の話をするんだろう」とか，場合によっては通行人の中に怒りにも似た感情が込み上げてくると思います。

このように，子どもや保護者がある問題に対して，解決する意志をもっていなかったり，責任を自覚していなかったり，問題に対して関係があることを理解していなかったりする場合が「通行人タイプ」に該当します。

ただ，気をつけなくてはいけないのは，子どもや保護者自体を分類するのではなく，あくまで教師との「関係性」を分類しているのだということです。ですから，自分との関係が「通行人タイプ」であっても，別の教師に対しては解決の意志をもっていたり，責任を自覚していたりする別のタイプになる場合があります。

ですから，「あの子どもは通行人タイプだ」という言い方は間違いで，「あの子どもは私との関係においては通行人タイプだ」というのが正しいわけです。

3章 解決志向アプローチにおける関係性

❸ では，通行人に対してどうするか

　解決志向アプローチのセオリーでは，この通行人タイプに対しては①「ほめる・ねぎらう」（コンプリメントする），②雑談に興じる，で，それ以上は働きかけないというものなのですが，教師だったらそういうわけにいきませんよね。
　先ほどの部活の子どもたちへの指導でしたら，こういう風にするといいのかなと思います。

> 　みんなの貴重な休み時間に集まってくれてありがとう。時間もあまりないので手短に言います。大会に向けてキャプテンを中心に本当によく頑張っていると先生は思います。だから，もっと強いチームにするために３つのことに気をつけるといいんじゃないか，と先生は思います。①集合時刻，②忘れもの，③声を出す。何か質問や言いたいことはありますか？　なければみんなで言ってみよう！（子どもたちに①～③を言わせる）じゃあ，午後練（習）もはり切っていこう！　集まってくれてどうもありがとう！　解散！

　解決志向アプローチでは，必ずしなければいけないコンプリメント（ほめる・ねぎらう）があって，それは来てくれたことに対するコンプリメントです。「わざわざ足を運んでくれてありがとう」，は子どもや保護者の存在に対する敬意です。余談ですが，私が保護者面談をする時は必ず面談がはじまってすぐにします。
　それから，通行人タイプは自分自身に問題を感じていなくて，解決の意志がないので，こちらの考えを項目だけはっきりと伝えます。それで終わると一方的な話になってしまうので，質問や意見を尋ねます。特になければ，内容を確認するために言ってもらいます。そして，また最後にコンプリメントを入れます。

❹ 種を植える

　通行人タイプの場合，解決の意志や問題についての自分の責任を感じていないので，目に見える効果（例えば反省している態度など）を教師が感じないことがあります。

　教師はすぐに効果が出る指導に飛びつく傾向があるのですが，1章で紹介した「3分ラーメンの法則」を思い出してください。定着するまでに時間がかかったものほど，その力は失われにくいのです。

　私は通行人タイプへの指導を「種植え」と呼んでいます。すぐには効果がない場合もあるのですが（もちろん劇的に変わる場合もありますが），最低でも「重要な他者」につながる関係性が生まれます。効果を焦って，通行人タイプなのに「あなたに問題がある！」「あなたが変われ！」という指導は，その子どもや保護者との関係が「重要な他者」にならないばかりか，自分からよりよく変わろうとする力がつかないように思います。

❺ 小さな芽が出たら

　通行人タイプへの指導の場合，自分の指導がぬるかったんじゃないか，とか，やっぱりガッツリ指導した方がよかったんじゃないか，などと迷うことがあります。しかし，必ず変化が起きています。

　その変化を見つけてすかさず「ほめる・認める」（コンプリメント）をすると，小さな芽はぐんぐん伸びていきます。しかし，教師はせっかちな人が多いので，次の日に花が咲いていないと怒るのです。

③ 不平・不満タイプ

Point
課題を与えることは，ご法度

❶ 校長先生と子どもたちの関係性

　さて，先ほどの話には校長先生が出てきました。若い先生と子どもたちの関係は「通行人タイプ」でしたが，校長先生と子どもたちとの関係はどうでしょうか。子どもたちは問題の存在を自覚しています。だからこそ，解決するために意を決して校長室へやって来たのです。しかし，問題を解決する責任は自分たちではなく，怒っていた若い先生にあるという考えのようです。

　このように，問題を解決する意志をもっているけれども，解決する責任や，解決する主体は自分以外の人にある，と考えている人を，

> 不平・不満タイプ（コンプレイナントタイプ・クライエント）

と呼びます。

　しかし，くどいようですが，これは関係性の分類なので，その子どもや保護者が「不平・不満タイプ」なのではなくて，この事例での校長先生と子どもたちとの関係が「不平・不満タイプ」だということです。

❷ 「不平・不満タイプ」の傾向と対応

　「不平・不満タイプ」を端的に言うと，「悪いのは私ではなくて他人です」ということなので，他人の至らない点や，欠点をたくさんお話ししてくれます。

　ある先生が理科で校庭に咲く野草の名前を間違って教えてしまったことが

ありました。教師なら植物の名前を知っておかなければならないのですが，代表的な花ならともかく，校庭の隅に咲く野草まではさすがに知らないこともあります。

クラスの保護者の一人がその誤りを連絡帳で指摘したうえ，家庭訪問の時に「そんな間違いはあり得ませんよね」と面と向かって教師を批判しました。

どのタイプにも当てはまるのですが，まず来たこと，言ってくれたことに対してコンプリメント（ほめる・ねぎらう）をします。

教師だったらカチンとくるようなこの保護者の場合も，努めてにこやかに「ご指摘いただいて本当にありがとうございます」と伝えます。なぜならば，その保護者は教師の過ちを指摘する勇気をもってくれたうえ，忙しい中で連絡帳に書いてくれたからです。さらに，家庭訪問で直接指摘してくれたわけですから，陰でコソコソ悪口を言いふらしているのに比べれば，とても誠実な方だと言えます。もしその保護者が指摘してくれなかったら，それ以降も子どもたちに間違って教えてしまうことだって考えられます。

そしてこの「不平・不満タイプ」の特徴は，観察力が抜群だということです。今述べたように，他人の至らない点や欠点を非常によく見つける観察力があります。その観察力は解決のためのリソースになります。つまり，至らない点や欠点を見つける力を，解決のためにリソース（資源）を探す力として生かすのです。

先ほどの保護者の対応の続きですが，さらにコンプリメントを入れます。

「□□さんがご指摘してくださったおかげで，間違いに気づきました。私，いろいろとまだ不勉強なところがあるので，気づいたことをご指摘いただけるのは大変ありがたいんです。ですから，これからも，気づいた点や疑問に思う点をぜひ，お知らせください」

結局，この保護者はどうなったかというと，家庭訪問以来，担任や学校に対して協力的になりました。いろいろな行事やお手伝いにも，仕事をやりくりして来てくれるようになったのです。また，保護者のまとめ役も買ってくれて，クラスや学校になくてはならないありがたい存在になりました。

❸ 校長先生はどうしたか

　先ほどの事例に戻ります。まず，校長室へ来たことをコンプリメントします。「校長室へよく来てくれたね」。それから，解決像（ゴール）を子どもたちから聞き出します。一方，子どもたちは自分たちへの問題意識（①集合時刻，②忘れもの，③声を出す）をまったくもっていないようでした。解決志向アプローチの教科書では，「不平・不満タイプ」に「あなたにも取り組んでもらいたい課題があります」と伝える（行動課題を与える）ことは「ご法度」です。

　しかし，校長室へ来た子どもたちを，「そうか，わかった。○○先生（若い先生）に言っておくよ」で帰したら，教育者としては疑問が残ります。

　私が校長先生のような立場だったら，次のように話すと思います。

校　長	：校長室へよく来てくれたね。お話を聞かせてもらおうかな。
子ども①	：校長先生，○○先生はひどいんです。休み時間に呼ばれたから何かと思ったら，いきなり大きな声で怒り出して……。
校　長	：ふんふん。（頷く）
子ども②	：なんで怒っているのかわかんないんだよな〜。（中略）
校　長	：きみたちはどうなればいいと思う？
子ども③	：う〜ん……まず，怒る前に何がダメかわかりやすく説明してほしいです。
子ども④	：それから，怒るにしても，ぼくたちを全部否定するような怒り方はしないでほしいです。
校　長	：「全部否定しない怒り方」というのは，どうやって怒ることなの？
子ども⑤	：ぼくたちのことを思っているみたいな……。
校　長	：詳しく言うと？
子ども⑥	：なるべく大きな声を出さない。
校　長	：それから？

子ども⑦	：間違ったところだけ言って，関係のないところまで怒らない。
校　　長	：それから？
子ども⑧	：次に何をすればいいかがわかるように……。
校　　長	：なるほど，なるべく普通の声の大きさで，間違ったところだけ指摘する。そして次に何をすればいいかがわかるように怒ればいい。
子ども⑨	：そうそう。
校　　長	：だいたいわかりました。で，校長先生にどうしてほしいかな。例えば①お話を聞いてもらうだけでいいのか，②○○先生に伝えてほしいのか，それとも③自分たちで○○先生に伝えたいからそこに校長先生が立ち会ってほしい，ということなのか……。
子ども⑩	：校長先生からぼくたちの考えを○○先生に伝えてほしいです。
校　　長	：わかりました。それで……，校長先生から質問してもいいかな？
子ども⑪	：どうぞ。
校　　長	：○○先生の怒り方については，校長先生からお話しするけど，どうなると，○○先生は怒らないでニコニコしているかな？
子どもたち	：……。
校　　長	：だって，どんなにいい怒り方に変わっても，怒られるよりはほめられたり，先生がニコニコしていたりする方が，部活も楽しいと思うんだけど，どうかな。
子どもたち	：（頷く）
校　　長	：それで，きみたちは部活で毎日見ているから，○○先生のこと校長先生よりよく知っているよね。どういう時に怒って，どういう時にニコニコするのか。まぁ，怒る時よりも，どういう時にニコニコするのか，の方を中心に，校長先生に教えてくれないかな。
子どもたち	：はい……。
校　　長	：よろしくね。他に話しておきたいことはありますか？　また，校長室に来て，話を聞かせてね。

4 前向きタイプ

Point
ほめる，質問する，課題を出す

❶ 若い先生の胸の内

　さて，若い先生はどうなったのでしょうか。子どもに一生懸命指導したのにもかかわらず，その子どもたちは指導を受け入れないばかりか，あろうことか校長先生のところへクレームを入れにいきました。部活顧問としてのメンツが丸つぶれで怒り心頭といったところ。しかも，人事評価が下がるかもしれないという落胆と，部活指導を自分なりに頑張ってきたわりには手ごたえがないので虚無感も感じています。

　それらの感情がグルグルと若い○○先生の胸の中に渦巻いています。「誰が朝早くから，放課後まで指導していると思っているんだ！　もう指導なんかするものか！」。しかし，時間が経って冷静になってみると，徐々に自分の指導の未熟さを感じてきました。

　そうこうしているうちに，校長先生から呼び出しがきました。

❷ 校長先生と若い先生との関係性

　校長室に入ると，校長先生はデスクの上のパソコンに向かっていました。○○先生を見るとゆっくり立ち上がり，メガネを外してかたわらの椅子を指して言いました。「まぁ，そこにかけて」。○○先生は「はい」と一言答えると，並んでいる椅子の1つに腰を下ろしました。

　校長先生は机の引き出しを開けて，せんべいの袋を2つ出しました。

　「○○先生，教育委員会に持っていくと喜ばれるお菓子って何だか知ってる？　そう，このせんべいなんだよね。腐らないで日持ちがする。それに，

こっちが急に持っていかなくちゃいけない時に使い回せるからね。ハハハ」

そう言うと、せんべいの袋を〇〇先生の前に１つ置いて言いました。「あ、でも、これは使い回しじゃないよ。嫁さんの実家から送ってきたやつだ。１つどうだい」

校長先生から部活の子どもたちのことを指導されると思っていたのに、何だかせんべいの話をされて拍子抜けしました。でも、お腹が空いていた〇〇先生は「いただきます」と言って、せんべいの袋を受け取りました。

校長先生からもらったせんべいを食べているうちに、子どもたちへの怒りがどこかに去り、校長先生の温かさを感じました。そのうち、自分自身の無力さに対して向き合えるようになってきました。そして、ポツリと言いました。「校長先生、自分、いい教師になりたいです……」

この時、校長先生と若い先生との関係性は、

> 前向きタイプ（カスタマータイプ・クライエント）

になっていると考えられます。

❸ 前向きタイプの特徴と手立て

「前向きタイプ」（カスタマータイプ・クライエント）は、問題の存在を知っていて、自分自身が解決する主体であるという自覚があります。しかも、解決をするために、自分の労力を使う覚悟を決めているタイプです。

ですから、コンプリメントだけで終わったり、観察の課題を与えたりするだけではもの足りなくて、もやもやした気持ちが残ってしまいます。解決像を聞いたあと、解決のための質問をして、行動課題を与えるところまで行う必要があります。

❹ 続・校長先生はどうしたか

　校長先生は○○先生が来たことをコンプリメントしました。そして，日頃の学級指導や部活指導に尽力していることをねぎらいました。そのあと，子どもたちが校長先生に伝えた○○先生への願いを簡潔に伝えました。

校長：忙しいのに，時間を取ってくれてありがとう。
○○：校長先生，子どもに信頼される教師ってどうしたらなれますか？
校長：「信頼される教師」か……。う〜ん，○○先生はどうなったら「自分は子どもたちから信頼されているな〜」って実感するのかな？
○○：え〜と，例えば，体育館に入って来た時，先に来ている子たちが自分に元気よく挨拶をしたり，集合する時に全員が素早く集まってきたり……。
校長：元気よく挨拶されたり，素早く集まってきたりとか……。
○○：ええ。
校長：今までに元気よく挨拶されたりとか，素早く集まってきたりとか，そういうことはまったくなかったのかな？
○○：いえ，何度かありました。
校長：あ，あったんだね。最近ではいつ？
○○：え〜と，いつだったかな……。あ，そうだ，先週の金曜日！
校長：先週の金曜日に何かあったの？
○○：あの日は車を友だちに貸したから，自転車で出勤したんです。朝から運動したみたいにテンションが高くて……。
校長：ほう，テンションが高くて……。
○○：自分からデカい，いや大きい声で「おはよう！」って言ったんです。
校長：自分から元気よく「おはよう！」って言ったんだね。それで子どもたちも元気よく……。
○○：はい，そうです。
校長：○○先生，その元気よく「おはよう！」を続けてみたらどうかな。

○○：はい。やってみます。

❺ 3つのタイプの対応のまとめ

＜通行人タイプへの対応＞
　① ほめる・ねぎらう（コンプリメント）
　② 雑談に興じる（関係を作る）
◎指導する必要がある場合
　① コンプリメント
　② 伝えたい項目だけを伝える
　③ 質問・意見・感想を聞く
　④ もう1度，コンプリメント
＜不平・不満タイプへの対応＞
　① ほめる・ねぎらう（コンプリメント）
　② 観察力をコンプリメント
　③ 観察する課題を与える
＜前向きタイプへの対応＞
　① ほめる・ねぎらう（コンプリメント）
　② 解決像を明らかにする
　③ 解決のための質問（例外探し，スケーリングクエスチョンなど）
　④ 行動課題を出す

次の章から，解決志向アプローチのメソッドを詳しく紹介します。

解決志向アプローチ・メソッド①
4章　例外（うまくいっていること）に注目！

1 「例外」って？

Point
うまくいった時を探す

❶ 「サイテー」「サイアク」「終わった……」

　最近の子どもたち，特に高学年の女の子が，あまり嬉しくないできごとが起こった時に言う口癖は，次の３つだと私は思います。「サイテー」「サイアク」「終わった……」

　「先生，サイアクなんだけど……」と訴えてくる女の子がいました。「先生は最悪（な先生）ではありません」と笑いながら答えると，「そうじゃなくて～」と言って「サイアク」の中身を話してくれました。

　そこで，詳しく話を聞いてみると，昼休みに遊ぶ約束をしていた子がいたのに，別の子がわり込んできた，と。約束した子とは遊びたいけれど，わり込んできた子とはあまりウマが合わないから遊びたくない。だから，「あ，じゃあ，私，いい」と言って，約束をキャンセルしたので，遊ぶ人がいなくて「（ひとり）ぼっち」になっちゃった，だからサイアクだと言うのです。

❷ 問題との距離感

　なぜ「サイアク」になるのかというと，人間は問題が起きた時にその問題だけに目がいってしまいます。つまり，問題と自分との距離が近すぎて，問題しか目に入らない状態になっているのです。

　自分の状態を100％の円グラフとして，２％うまくいっていないとします。しかし，多くの人はこの２％がうまくいっていないことを，100％うまくいっていないように感じます。ですから，問題との距離を取って正確な状態，つまり98％はうまくいっている，に気づく必要があるのです。

そうすることで，自分自身をエンパワーすることができ，問題である２％を解決するためのリソースを探すことができます。

❸ さて，「例外」とは

問題が起こっている状況の中で，部分的にうまくいっていることや，当然問題が起こるはずなのに，起きなかった時のことを，解決志向アプローチでは「例外」と言います。

「例外」は問題の部分的解決，あるいは解決のヒントやリソースが隠れています。「例外」を連続して起こせば，解決になります。

先ほどの「サイアク」を訴えてきた女の子の話に戻ります。ひと通り話し終えたあとに，「で，どうなったらいいの？」と質問してみました。すると，「昼休みがヒマになっちゃったから，何かヒマがつぶせないかな～と思って……」と。

「昼休みにヒマな時，今までに何かでヒマつぶししたことがあるの？」と聞いてみると，「え～と，図書室に行ったり～……，あ，そうだ！　本を返さなきゃいけなかったんだ～。じゃあ，先生，私，図書室行ってくる～！」と言って，机の中から本を２冊出すと，風のように教室から出ていきました。

昼休みが終わって，掃除の時間になりました。廊下を掃除していた「サイアク」を訴えた女の子に，「図書室へ行ってどうだった？」と尋ねると，「結構楽しかった。行ってみたら２組の□□がいて，一緒に本読んだから……」と。「そっか～，楽しかったんだね～」

❹ 解説すると……

「ぼっち」でヒマなサイアクの昼休みを，彼女は今までに図書室へ行くことで解決していました。これが「例外」です。その「例外」を聞き出すことで，彼女は行動を選択することができ，サイアクの昼休みを楽しい昼休みにすることができたのでした。

2 子どもに「例外」の考えを使って声かけしよう！

Point
「マシな時はあった？」で言葉かけ

❶ これからの流れ

　では，実際にこの「例外」の考えを使った声かけを紹介します。いくつかの典型的なフレーズと，それに適したシチュエーションをセットにして説明したいと思います。

　しかし，「このシチュエーションには絶対この質問フレーズ」というように，明確に区分けされるわけではありませんので，あくまで参考例としてご理解いただければと思います。5章以降のメソッドについても同じです。

❷ うまくいったことはある？

　子どもと話していると，イベントの前に意外と緊張したり，不安に思ったりすることが多いように感じます。過度に失敗を恐れるというのか，失敗するとこの世が終わるくらいに感じる子は結構います。

　発表会や検定，試験，試合などの前に，教室の教師用机に寄って来て話しかけてくることがあります。

子ども：先生，最近，私，フリースローを外すことが多くて……。
教　師：フリースローを。
子ども：はい。外しちゃいけない，っていうところで必ず外すみたいな……。
教　師：うんうん。
子ども：先生，私，ヘタレ（臆病者）なんですかね～。

教　師：う〜ん，ヘタレかどうかはわからないけど，きみはどうなったらいいと思う？
子ども：う〜ん，ここぞっていう時に，しっかり決められるようになりたいです。
教　師：ここぞっていう時ってどんな時？
子ども：相手と点数が同じくらいで競っている時とかですね。
教　師：相手と競っている時……。
子ども：いつも自分は外すから……。
教　師：つまり，きみは相手と点数が競っている時のフリースローを確実に決められるようになりたい，ということかな？
子ども：そうです。
教　師：う〜ん，ちょっと先生聞いてみたいんだけど……，今までに相手と点数が競った時のフリースローで，きみは100％外したのかな？
子ども：……。
教　師：つまり，1回も入ったことがないの？
子ども：100％外すわけではありません（笑）。
教　師：あ，そうなんだ。じゃあ，1回はあるんだね。
子ども：1回っていうわけでは……。2回か3回くらいは……。
教　師：え？　2回か3回もあるんだ！
子ども：それくらいは……（笑）。
教　師：じゃあさ，そのうまくいった時のことを聞きたいんだけど……，フリースローを決められる時って，そうじゃない時と何が違う？
子ども：……。
教　師：どんな小さいことでもいいんだけど，シューズのひもを固くしばっているとか，朝，納豆を食べてきたでもいいんだけど……（笑）。
子ども：納豆？（笑）。それはないですけど，入る時って何か構えた時に「これは入るな」っていう予感があるんです。
教　師：予感があるんだね〜。（以下略）

4章　解決志向アプローチ・メソッド①　例外（うまくいっていること）に注目！

❸ マシな時はあった？

　問題状況が重く，なかなか解決が難しいと思われる時に使うフレーズです。最初のフレーズよりも使う頻度が高いかも知れません。

子ども：先生，昨日，ママが夜中家を出ていったんだよ。でも，朝見たら，普通に台所に立っていたんだけど……。
教　師：朝は台所にいたんだ。
子ども：うん。でも，ここんとこ，ママとパパが大きな声でケンカすることが多くて……。
教　師：そっか……。
子ども：先生，ママとパパがケンカをしない方法ある？
教　師：う～ん。○○さんは，ママとパパが仲よくなってほしいんだね？
子ども：うん。でも，たぶん，仲よくするのは無理だと思うから，大きな声でケンカするのがなくなればいい。
教　師：いつもケンカになると大きな声になるの？
子ども：だいたい，いつも。
教　師：**じゃあさ，ケンカの声が中ぐらいの時ってあるの？**
子ども：う～ん，確かあれはおばあちゃんが遊びに来た時……（以下略）

❹ 起きなかった時はある？

　これは，前項の「マシな時」を尋ねるフレーズに似ています。

教　師：よく学校に来られたね。
子ども：ええ，まぁ。
教　師：何がよかったかな？

子ども：どういう意味ですか？
教　師：学校に来られたわけだけど，何があったから来られたのかな。
子ども：何があった，っていうか，毎朝頭痛がひどくて，昼くらいになるとよくなるんだけど……，まぁ，今朝はそれほどじゃなかったっていう感じで……。
教　師：毎朝，頭痛がひどいんだけど，今朝はそれほどじゃなかった。
子ども：はい。
教　師：**じゃあさ，いつもだったら当然頭痛がするはずなのに，あれ？　今朝は頭痛がしないな，っていう時はある？**
子ども：今朝がそうです。
教　師：あ，そっか〜！　だから今日，学校に来れたんだものね。今までにも頭痛がしない時ってあったのかな？
子ども：ええ，まぁ。
教　師：お〜！　じゃあ，そういう朝はいつもとは何が違うかな？（以下略）

❺「例外」を聞き出したあと……

　最初に述べた通り，「例外」は既に起こっている解決の一部です。「例外」は偶然起こっている場合もあれば，気づかないうちに何らかの方法を使って起こしている場合があります。

　偶然は再現することができないので，リソースとしてはあまり期待できません。ですから，気づかないうちに行っている方法をたくさん見つけ出します。そのために，「例外」を聞き出したあと，「例外」にまつわるたくさんの情報を集めるための質問をします。

　前のページで述べたように，靴ひものしばり方や，朝ごはんに食べたもの，本当に些細なこともリソースになるので，細かく聞き出すようにします。

事例1 宿題をやってこないGさん

【事例】
　クラスのGさんは宿題をやってこない。やってきた時は小テストの点数がよいのだが，やってこないと惨憺たる成績である。学力を向上させるためにも，宿題をやらせたいのだが……。

【よくある対応】
　Gさんを呼び出して，やってこない原因を問いただす。さらに，宿題をやってこないことについて強く指導する。休み時間や放課後に，やっていない課題をやらせる。

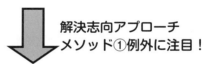
解決志向アプローチ
メソッド①例外に注目！

【解決志向アプローチでの対応】
　宿題をやってくる時には，何があるのかを子どもと一緒に見つけます。
　まず，休み時間などに時間を見つけて，Gさんを呼びます。そして，Gさんが来たら，来たことについてコンプリメントをします。次に，どういう理由で教師がGさんを呼んだと思うかを質問します。そのあと，呼んだ理由を説明します。そして，Gさんと解決像を描いたあと，ゴールを設定し，例外を見つける質問を行います。

> 教師：休み時間なのに来てくれてありがとう。早速なんだけど，なんでGさんに来てもらったかわかる？

G ：宿題のこと？
教師：うん，実はそうなんだ。
G ：……。
教師：先生はきみが「宿題をやらなきゃいけない」って思っているんだけど，なんか出せないでいるって考えているんだけど，それでいいかな。
G ：……。
教師：ん？　ということは，あまり「やらなきゃいけない」とは思わない？
G ：いえ，やらなきゃいけないとは思うんだけど，忘れちゃうっていうか……。
教師：なるほど。やらなきゃいけない，って思っている……。
G ：はい。
教師：じゃあ，きみとしては，できれば宿題を毎日出せればな～って思っている，って考えていいのかな？
G ：はい。
教師：それでね，先生，チェック表を見たらさ，4月18日と25日，5月2日の日は出ているんだよね。
G ：……。
教師：この出せている日は，出せていない日とは何が違うのかな？
G ：……。
教師：何でもいいんだけど，例えばおやつがプリンだったとか……（笑）。
G ：えっと，……たぶん，お父さんがお休みの日じゃないかな……。
教師：お父さんがお仕事，休みの日？
G ：そう。うちのお父さんは日曜日と木曜日が休みで，日曜日は一緒に遊びにいくんだけど，木曜日は次の日が金曜日だから遊びにいけなくて，だから勉強を教えてくれるの。
教師：あ，そっか～，お父さんが見てくれるんだね。
G ：うん。
教師：毎日お父さんが教えてくれたら，Gさんも毎日宿題出せるね。
G ：お休み以外の日は忙しいから無理だと思う。
教師：確かに，そうだろうね。じゃあさ，お父さんがいなかったのに，宿題を出

した時,あ,これだこれだ。4月10日は出ているんだけどこれは何がよかったのかな？
G ：う〜ん,何だろう。
教師：どんな小さなことでもいいんだけど……。
G ：え〜と,あ,あれかな。親戚のお通夜があって,夜,出かけなきゃいけなくなって,お姉ちゃんが学校から帰ってからすぐ宿題をやっていて,お母さんに「あなたも宿題があるでしょ。お姉ちゃんと一緒にやっちゃいなさい！」って言われて,やったみたいな……。
教師：そうか,お姉ちゃんと一緒にやったから出せたんだね。
G ：たぶん……。
教師：お姉ちゃんは宿題のわからないところ,教えてくれたりした？
G ：はじめは面倒くさがっていたけど,途中からしょうがないな〜って。
教師：しょうがないな〜って教えてくれたんだね。
G ：うん。
教師：だから,宿題ができた。
G ：うん。
教師：じゃあさ,お姉ちゃんとこれからも一緒に宿題をするっていうことはできるのかな？
G ：う〜ん,お姉ちゃんに聞いてみないとわからないけど,たぶんできると思う。
教師：そうか。じゃあ,これからは宿題をお姉ちゃんと一緒にやるっていうのはどうかな？　それで1週間やってみて,どうなったかお話を聞かせてくれる？
G ：わかった。
教師：貴重な休み時間をどうもありがとう。

　先ほども少し述べたように,例外には①偶然起きた例外と,②気づかないで何らかの方法をとって起こった例外,の2種類があります。
　このケースの場合,お父さんが勉強を教えてくれる木曜日というのは,ど

ちらかといえば①に近く，再現性が高くありません。お父さんが毎日仕事を休んで勉強を教えてくれることは不可能だからです。しかし，お姉ちゃんと一緒に宿題をするということは，再現可能であり，本人もその解決方法について前向きな姿勢を示しているので，ゴールとしたわけです。

　この先の展開ですが，この「お姉ちゃんと一緒に宿題をする」によって，Gさんが宿題を出せるようになれば，解決志向アプローチの哲学②「うまくいっているならば，もっとそれをしよう」にしたがって，その解決方法を継続していきます。もし，うまくいかない場合は哲学③「うまくいっていないならば，何か違うことをしよう」に基づいて，違う方法を見つけていきます。

　「お姉ちゃんと一緒に宿題をする」という解決策が根本的な解決なのか，と疑問に思う人もいるでしょう。しかし，2章第2節の「発想の転換って？」に「変化は絶えず起こっていて，小さな変化は大きな変化を生む」というのがありましたね。この事例で言うと，このあと，お姉ちゃんと一緒に宿題をしなくなりますが，宿題を出せるようになりました。

　Eテレの番組「ピタゴラスイッチ」の装置で，ツン！　と突いた小さな玉が，そのあとどんどん変化していくように，解決策は動きはじめると大きな変化を生むのです。

　また宿題を出せない原因を追及したくなるところですが，学年が低ければ低いほど，原因追及があまり意味をもたないことが多いと思います。それよりも，少ないながらもうまくいった時，できた時には何があったのかを明らかにすることが，解決のためのリソース探しになります。その見つけたリソースを基に解決像へ向かっていく方が，子どもにとっても容易ですし，負担が少なく，実現性が高くなるのではないかと考えます。

解決志向アプローチ・メソッド②
5章　成功の責任追及

1 「成功の責任追及」って？

Point
成功した時こそふり返る

❶ うまくいった時に限って

　自分のことを話すのですが，私たちの世代は教員採用氷河期でした。東京都の小学校の採用募集数は約140人で，千葉県は約30人でした。当然，多くの受験者は不合格の結果と共に「教採浪人」となり，臨時講師としての日々の勤務のかたわら，採用試験の勉強をしていました。

　私も2回ほど残念な結果をもらい，その度に反省という名の「失敗の責任追及」をしました。「何がまずかったんだろうか」「模擬授業が悪かったのではないか」「水泳で体力を使い果たして，ピアノ伴奏がうまくいかなかった」「講師としての勤務が忙しくて勉強ができなかった」などなど。

　3回目の採用試験で何とかすべり込み，晴れて千葉県の小学校教師としてのスタートを切るのですが，その年の採用試験の受け方について何がよかったのかをふり返ることはまったくありませんでした。

　つまり，うまくいかない時は反省や後悔という名の，「失敗の責任追及」をしがちですが，うまくいった時に限って「喉元過ぎれば熱さを忘れる」というように，うまくいった理由を探すことはめったにありません。

　実は，失敗した時のふり返りよりも，成功した時のふり返りに，うまくいくためのリソースが隠れています。次の成功につなげるためには，この「成功の責任追及」こそが有益なのです。

❷ 「成功の責任追及」をしてみる

　採用試験は受かってしまえば，ふり返る必要もないのですが，人に頼まれ

て「採用試験に合格した体験者」として，次の年に受験する人たちの前で話す機会がありました。

　何がよかったのかはおそらく，試験官や人事の人でないとわからないのでしょうが，これかもしれないと確信をもっていることがありました。それは，集団面接でした。面接室の前の廊下に椅子が並んでいました。私はその椅子に腰を下ろし，ドキドキしながら呼ばれるのを待っていました。

　すると，一緒のグループで面接するであろう受験者たちが，私と同じようにこわばった表情をして，ずら～っと並んで座っていました。ふと，私の頭の中に「同志」という言葉がよぎり，隣の男性に声をかけてみました。

「なんか緊張しますね」

　いきなり声をかけられた男の人は，びっくりして目を丸くしたあと，表情をゆるめて言いました。

「緊張……しますね」

「どんなことを聞かれるんでしょうね」

「ホントに」

　いきなり会話をしはじめた私たちに，グループの他の人たちが注目しました。そこで私は，グループの他の人たちに思い切ってこう言いました。

「何かの縁で一緒のグループになったわけですけど……，一緒に……合格しましょう」

　採用試験の面接会場前の廊下，という緊迫した空間で，なぜかはじめて会ったグループ全員とかたい握手をしていました。よくわからない感覚なのですが，チームワークみたいな絆が生まれました。

　しばらくして部屋の中の試験官から呼ばれ，グループ全員が面接室に入りました。廊下でのかたい握手のせいか，集団討議で誰かが答えに詰まると，他のメンバーがフォローするし，はじめて会ったはずなのに友だち同士のような，それぞれのよいところを引き出すような質問が，温かい雰囲気の中でやり取りされました。

　面接室から出た時，私たちはチーム競技の試合が終わったあとのような，

達成感と解放感と，仲間への感謝が込み上げてきて，再び全員と握手をしました。「初任者研修で会いましょうね！」

❸ ミラクルは起きた！ そしてミラクルは続く‼

そのようなできごとがあったことも忘れ，採用試験の結果がきました。その年の募集人数は約100人。応募者数は確か831人。高倍率をかいくぐり，何とか合格にこぎつけたのでした。

そして次の年がやってきて，採用と共に初任者研修が行われました。県の総合教育センターで主に開催されるのですが，そこで驚きの光景を目の当たりにしました。あの集団面接の時のメンバーが，ほぼそこに揃っていたのでした。私たちは再会の喜びと共に，またもかたい握手をしたのでした。

という話を，次の年の採用試験を受ける人たちに話しました。受講者は面白がって話を聞いていましたが，私としては，これは私だけに起こったミラクルであって，本当にこの話が役に立っているのだろうか，と少し不安にもなりました。

そしてさらに次の年，当時いた市の若手研修の時に，メガネをかけた背の高い初任者の先生が近づいてきました。

「岩田先生，はじめまして。先生が採用試験の勉強会で言っていた，集団面接の話，ぼくもやってみたんです」

私は一瞬，何の話をしているのかわからず戸惑いましたが，すぐに思い出して返答をしました。

「そうしたら，リラックスできて，いい面接ができました。ありがとうございました」

❹ 尋ねなければ見えてこない

このように，「成功の責任追及」は，うまくいくためのリソース探しに最適です。しかし，私の「成功の責任追及」も，採用試験勉強会を主催した方が私に「成功の責任追及」をしたから，目に見える形にできたのです。

困り感をもっている子どもや保護者の「成功」も，尋ねなければ見えてきません。人はうまくいかない方に目がいきがちだし，もしうまくいったとしても，先程述べたように「喉元過ぎれば熱さを忘れる」からです。

❺「例外」との相性バツグン！

　さて，この「成功の責任追及」は，前の章の「例外」探しと組み合わせるととても効果的です。というより，「例外」を見つけたら，この「成功の責任追及」を欠かさず行う，と言ってもいいでしょう。そうすることで，うまくいくためのリソースを，子ども・保護者と一緒に見つけることができます。

　典型的な質問のフレーズとしては次のようなものがあります。
「何がよかったのでしょう？」
「誰が○○したんですか？」
「そのようになるために，あなたはどんなことをしましたか？」
「何でそれをやろうと思ったんですか？」
「それに気づけたのはなぜでしょう？」
　もちろん，「例外」を見つけた時に，コンプリメントを入れてから，この「成功の責任追及」を行うと効果的です。

> 子ども：夕飯を食べる前に宿題をするようにしました。
> 教　師：なかなか**いいアイデア**だね。……で，その**スペシャルなアイデアにきみはどうして気づけたのかな。**
> 子ども：え～と……。

　「成功の責任追及」は，リソース探しと共に，子どもや保護者をエンパワメントする，コンプリメントとしての働きももっています。

② 「成功の責任追及」の考えで声かけしよう！

Point
成功の陰にある努力をほめる

❶ 何がよかったのかな？

休み時間に宿題の○つけをしていると，子どもが寄ってきて話しかけてきます。その内容は教師への質問だったり，習いごとの話だったり，困っていることの相談だったり……。

教師は外で子どもと一緒に遊ぶべし！　という考えも正しいと思うのですが，教室で○つけなどをしながら，「他の子がいるとなかなか先生と話せないけど，休み時間なら話せるかも」と思っている子どもたちの願いにも応えてあげたいと私は思っています。

最初に紹介するフレーズは「何がよかったのかな？」です。このフレーズはとても使いやすいので，雑談や世間話レベルの会話にもおすすめです。

子ども：先生，私，そろばんで２級受かったんだよ〜。すごくない？
教　師：おめでとう！　すごいよ〜！
子ども：だって，だって，まだ習いはじめて２年ちょっとだよ〜。
教　師：**ホントにすごいね〜。何がよかったのかな？**
子ども：たぶんね〜，私は天才なんだと思う（笑）。
教　師：そっか〜，天才だから受かったんだね〜。１級もいけそうかな？
子ども：わかんないけど，頑張ってみる‼

解決志向アプローチは，困り感をもっている子どもだけでなく，うまくいっている子の背中をさらに押すこともできます。短い会話の中にも，コンプリメント，「成功の責任追及」，哲学②「うまくいっているならば，もっとそれをしよう」のエッセンスが入っています。

❷ 何がよかったのかな？　その２

　前の節で紹介した使い方は，雑談レベルの会話だったので，それほど詳しく聞いていません。しかし，問題が深刻だったり，子ども・保護者の抱える困り感が大きかったりする場合には，詳しく聞いていきます。

教　師：休み時間に来てくれてありがとう。その後はどうですか？
子ども：自分的にはあまりキレてないし，結構いい感じだと思うんですけど。
教　師：そうだね。きみに「叩かれました」とか，「蹴られました」とかそういう話はほとんど聞かないね。
子ども：……。
教　師：**う〜ん，何がよかったのかな？**
子ども：え？
教　師：**何があるから，きみはキレないでいられるのかな。**
子ども：……「気合い」ですね。
教　師：気合い？　ってどういうこと？
子ども：多少，イラついたことがあっても，気合いで乗り切るみたいな。
教　師：そうかぁ〜，気合いか〜。でも，どうしてその「気合い」に気づけたのかな？
子ども：なんか，友だちに借りたマンガに，ちょっとちょっかいを出されても，スルーするみたいな，「男気（おとこぎ）」っていうか……。そういうのが，なんか，かっこいい，みたいな……。よくわかんないけど。
教　師：なるほど，「スルーする男気」か……。
子ども：まぁ〜そんな感じっすね。

❸ どんなことをしましたか？

　このフレーズは，「成功の陰にあなたの努力があったのを私は知っています」という隠れたコンプリメントが含まれています。

> 教　師：最近，遅刻が減ったね～。
> 子ども：うん。
> 教　師：**何か作戦でもあるのかな？**
> 子ども：作戦？
> 教　師：いや，時間に間に合うようにするために，何か作戦を立てたのかな，と思って……。
> 子ども：作戦ではないけど……。
> 教　師：何かあるの？
> 子ども：え～とね，目覚まし時計を，机の上に置いたの。
> 教　師：机の上？
> 子ども：そう。

❹ 誰が，どうして気づけたのか？

「どんなことをしましたか？」をさらに詳しく聞いていくフレーズです。

> （先ほどの続き）
> 教　師：机の上に置いておくっていうアイデア。**誰が考えたの？**
> 子ども：あ，ぼくです。
> 教　師：**きみはどうして気づくことができたのかな？**
> 子ども：う～ん，どうしてだろう……。
> 教　師：なかなか思いつかないアイデアだと，先生は思うんだよね。

> 子ども：……。枕元だと，すぐに止めちゃうから，たぶん遠くに置いたらすぐに止められないかなぁと思って……。
> 教　師：なるほど！　そうか！　遠くに置いたら止められない……。
> 子ども：そう。
> 教　師：つまり，時間通りに起きられるように，きみが考えて，方法を見つけて，そしてやってみたわけだね。
> 子ども：まぁ，そうです。
> 教　師：そうしたら，遅刻が減って時間通りに来られる回数が増えた。
> 子ども：うん。
> 教　師：机の上に目覚まし時計を置く作戦，続けてみるとよさそうだね。
> 子ども：はい。

❺「成功の責任追及」の効果

　前節・本節と「成功の責任追及」について述べてきましたが，効果についてまとめをします。

---

　①　解決のためのリソースを具体的な形にすることができる
　②　解決の主体が本人であることがわかる
　③　解決する力をもっていることを本人が理解できる
　④　今までに努力してきたことをコンプリメントできる

　では，実際の事例を次節で紹介したいと思います。

事例2 時間通りに行動できないクラス

【事例】
　あるクラスは，休み時間が終わっても次の授業が時間通りにはじまらない。その他にも朝会や学年集会でも時間内に集合することができず，他の学級や学年などに迷惑をかけている。

【よくある対応】
　全員に「なぜ時間通りに行動できないのか」注意する。そして，時間の大切さについて指導をする。あるいは，時間通りに行動できない原因を探し，場合によっては超過した分の休み時間を減らすなどのペナルティを課す。

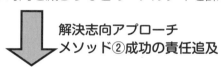
解決志向アプローチ
メソッド②成功の責任追及

【解決志向アプローチでの対応】
　時間通りに行動できる子はどうしてできるのかを探ります。
　全員が時間通りに行動できないわけではありません。よくよく観察してみると，少数でも時間通りに行動できている子がいるものです。まずは，それらの子どもをコンプリメントします。そして，どうして時間通りに行動できるのか「成功の責任追及」をします。
　次に，いくつか出てきた方法を取り上げ，全員でどの方法を実行すれば時間通りに行動できるか選ばせます。3日後，その方法は有効であったかをふり返り，うまくいったらその方法を継続し，うまくいかなかったら再びうまくいく方法を考えます。

教　　師	：先生はみんなに考えてもらいたいことがあります。何だかわかりますか。
子どもたち	：……。
教　　師	：それは，時間についてです。
子どもたち	：……。
教　　師	：例えば，今だってチャイムが鳴ってから授業がはじまるまで，1分かかっています。授業はだいたい5時間授業だから，1分×5で1日あたり他のクラスよりも5分勉強していないことになります。
子どもたち	：……。
教　　師	：1週間に学校は5日ありますね。1日5分ということは5日で5×5だから？
子どもたち	：25！
教　　師	：そう。1週間あたり25分他のクラスよりも勉強していない。さらに1ヶ月はだいたい4週間あるから，25分×4で100分。つまり，1ヶ月あたり100分間他のクラスより勉強していないことになります。
子ども①	：そんなに！
子ども②	：やばいじゃん！
子ども③	：頭が悪くなる……。
教　　師	：先生もそう思います。だから，先生がきみたちが時間通りに行動した方がいいんじゃないかなぁ，と思う理由はそういうわけです。
子どもたち	：……。
教　　師	：時間通りに行動して力を伸ばすクラスになるのか，それとも今まで通りに行動して力がつかないクラスになるのか，どちらがいいですか？
子どもたち	：時間通りに行動する！
教　　師	：わかりました。では，みんなは時間通りに行動するクラスをめざすんですね。
子どもたち	：はい。
教　　師	：なるほど。そこで，先生，きみたちを見ていて，何人かは時間通り

　　　　　　　に行動できているみたいだと思います。その人たちにどうして時間通りに行動できるのか聞いてみたいのですが。○○さん，どうですか？
子ども④：え？　私……？
教　　師：そうです。例えば今日は，ほら，机に算数の教科書が用意されていますよね。
子ども④：え？　よくわからない……。
教　　師：そうですか。休み時間に次の時間の準備をするのが習慣になっているから，いきなり聞かれても理由はわからない感じかもしれませんね。時間通り行動することが「自然に身についている」，すばらしいと思います。
子ども④：……。（赤面している）
教　　師：他にも時間通りに行動できた人がいたね。
子ども⑤：はい！
教　　師：そうだ，そうだ。□□さんもそうでしたね。きみはどうして時間通りに行動できるのかな？
子ども⑤：ぼくはちょこちょこ時計を見て，時間をオーバーしていないか時々，確認します。
教　　師：時計をちょこちょこ見るの？
子ども⑥：同じです！
教　　師：ああ，きみもそうなんだね。
子ども⑥：そうです。でも，オレは遊んでいるとわからなくなるから，コイツ（子ども⑤）が（教師の指導：「コイツ？」）じゃなくて，□□くんが教えてくれるので，時間通りに行動できます。
教　　師：なるほど。友だちが声をかけるっていう方法ね。
子ども⑦：先生！
教　　師：なぁに？
子ども⑦：時間通りに行動するんだったらさぁ～，みんなに腕時計をつけさせればいいじゃん！

教　師	：腕時計か〜（笑）。（子どもたち：「そんなのダメに決まってんじゃん！」）それも1つのアイデアだけど，学校のきまりを考えてできそうかな？
子ども⑦	：……。
教　師	：時間通りに行動できる人にもう少しアイデアをもらいたいんだけど，何かあるかな？
子どもたち	：……。
教　師	：もうないかな。じゃあ，今までに出た意見をまとめるよ。きみたちは時間通りに行動できる，力の伸びるクラスにしたいんだったね。
子どもたち	：（頷く）
教　師	：時間通りに行動する方法は，①時計をちょこちょこ見る，それから，②気づいた人が友だちに声をかける，というのがどうやらいいみたい。そんな感じでいいですか。
子どもたち	：（頷く）
教　師	：みんなは①と②の方法のどちらか，あるいは両方をやりたいですか？
子どもたち	：①と②の両方がいいと思います！
教　師	：じゃあ，この①時計をちょこちょこ見る，と，②気づいた人が友だちに声をかける，をやってみよう。3日後，その方法がうまくいっているかふり返りをします。そして，最終的には〇〇（子ども④）さんみたいに，「時間通り」が自然に身についているクラスにしたいね。
子ども④	：……。（赤面する）

　解決志向アプローチは，個人だけでなく，集団にも適用することができます。むしろリソースを探す時には，集団の方が「3人寄れば文殊の知恵」ということわざ通りに，うまくいくことが多いです。

　問題を成長の糧にして，学級を高めることができる。それこそが解決志向アプローチの醍醐味なのだと私は思います。

解決志向アプローチ・メソッド③
6章　コンプリメント

1 「コンプリメント」って？

Point
どんな関係性でもコンプリメントは必要

❶ こころの肥料？

　元気をくれる同僚の先生っていませんか？　私も今までに出会った先生たちに，いろいろなタイプの元気をいただきました。

　ある学校にいた時に出会ったH先生は，明るくて，よく笑っている方でした。私のつまらない冗談も，本当に面白いという風にケラケラ笑ってくれました。学級経営で思い悩んでいる時でも，「大丈夫だよ，岩田先生。子どもたちはちゃんと育っているよ」と背中を押してくれました。

　別の学校へいった時に出会ったI校長先生は熱い先生で，学校経営や授業作りについて，管理職になっても研鑽を積んでいる方でした。そして，折りを見ては手紙をくださって，「後輩育成の任務を果たせるように，さらなる成長を期待します！」と檄を飛ばしてくださいました。

　H先生からもらうエネルギーは，「今はうまくいかなくても，自分を信じて前へ進もう！」という感じなのに対して，I校長先生からのは「そうか，まだ自分にはやらなくてはいけない使命がある。このくらいで弱音を吐いてはいけない！」という気持ちになりました。

　タイプは違いますが，私のこころがしおれそうな時に限って，どこからともなくこのような「こころの肥料」が降り注いできました。それらが，私へのコンプリメントになっているのです。

❷ 「コンプリメント」とは？

　コンプリメント（compliment）とは，前の章でも軽くふれましたが，

「ほめる・認める・ねぎらう・大切にする・尊重する・敬意を表する」などという意味があります。解決志向アプローチでは，必須のメソッドです。

　3章で述べたように，どんな関係性の子ども・保護者でも，コンプリメントは必要です。コンプリメントのない解決志向アプローチはありません。どこかの大手CDショップのキャッチコピーではありませんが，「ノーコンプリメント，ノーソリューション・フォーカスト・アプローチ」です。

　なぜコンプリメントが大切かというと，コンプリメントを入れることで，子どもや保護者は，自分自身が問題解決をする力をもっていることに気づきます。単純な言い方をすると，程度の差こそあれ「自分はできる！」という気持ちが生まれます。

　洋服屋さんへ行くと，お店の人が「よくお似合いですよ」などと言う光景を目にしますが，言われている人はそれなりにまんざらでもない表情をしていますね。やはり，コンプリメントをされた人は，少なからず前向きな行動を起こそうとするのです。

❸ コンプリメントのあれこれ

　コンプリメントにはいろいろな種類があります。解決志向アプローチでは次の3つに分類されています。

---

① 直接的コンプリメント
② 間接的コンプリメント
③ セルフコンプリメント

　先ほど出てきたH先生は，どちらかと言うと①の「直接的コンプリメント」の名人です。

　図工で子どもの作品を見ると，「いいじゃん！」「すっごいね〜」「これは力作だ！」「ここのところの色づかいが最高だね」「よく見て描けてるじゃない！」とコンプリメントを入れます。このコンプリメントは大変わかりやす

く，コンプリメントされた子どもはニッコリしています。

　この直接的コンプリメントのポイントは，子ども・保護者が指摘されて嬉しい点をピンポイントでコンプリメントするということです。子どもで言うと，自分でも努力したと思っている点，苦労した点，うまくいった・成功したと感じている点を指摘するコンプリメントは，大変有効です。

　ピンポイントで，「入れられて嬉しいコンプリメント」をするのは難しい場合がありますが，コンプリメントを入れないよりは入れた方がよい，と言われています。

　余談ですが，この解決志向アプローチの創始者の一人，故インスー・キム・バーグ先生は，「ワォー！」とか，「エクセレント！」などと，身ぶり手ぶりで直接的コンプリメントを入れる達人でした。サインを求めた私にも「Sure‼」と笑顔で応じてくださる，元気でパワフルなおばさんでした。

❹ 自分が好きな子，嫌いな子

　今までコンプリメントの大事さや有効性を述べてきましたが，実は注意をしなくてはいけない点があります。それは，直接的コンプリメントが適している場合と，そうでない場合があるという点です。

　思春期に入ると，子どもは自分自身を嫌いになることがあります。もちろん，思春期でなくても自分自身を受け入れられない子どもは結構います。自分自身の容姿・能力・行動・性格などを，肯定できないのです。

　直接的コンプリメントのように手放しにほめて大丈夫なのは，自分自身を肯定できている，「自分が好きな子」です。ほめると自尊感情に直結して，エンパワメントされていきます。しかし，自分自身を肯定できていない子，むしろ否定すらしている子にとって，ほめることは傷

つける可能性があるのです。

　一昔前は「ほめられて嫌な気持ちがする子はいないのだから，どんどんほめるべし」みたいなブームがありましたが，最近言われなくなったと思いませんか？　それは，ほめると傷つく子の存在に気づいたからです。

　アドラーの考え方を導入している先生は，おそらくそれを防ぐためにも「勇気づけ」をしているでしょうが，私の実感からすると，直接的コンプリメントを求めている子どもには，そのまま直接的コンプリメントを与えてもよいのではないか，と思います。

　解決志向アプローチには，「間接的コンプリメント」という方法があります。

> 教　師：漢字練習帳の字がとても整ってきたなぁ～，って先生思うんだけど，**どんな風に練習しているのかな？**
> 子ども：え～と，これといって変わったことはしていないと思うんですけど，書いたあとに見直しをして，自分であまりうまく書けていないな，と思う字は，消してやり直しています。
> 教　師：見直しをして，きれいになるように書き直している……。
> 子ども：はい。
> 教　師：でも，なかなかそういうアイデアは思いつかないと思うんだけど，**どうして思いつくことができたのかな？**
> 子ども：私，習字を習っているんですけど，墨って1度書いたら消せないですよね。失敗してから，「あ～これが消しゴムで消せたらな～」って思うことがあって……，で，漢字練習帳をやっている時に，「あ，そうか，これは鉛筆で書いているからやり直せるじゃん！」って気づいたんです。
> 教　師：なるほど。習字の時にきれいに書きたくて，気づいた。……（以下略）

　このように，間接的コンプリメントは質問の形を取ることが多いです。直接的コンプリメントは教師の肯定的な評価や反応でしたが，間接的コンプリ

メントは，子どもや保護者が成功した結果において，努力した点・苦労した点を自分で話してもらうことによって，自分自身の資質や能力に気づくことができます。

次のような間接的コンプリメントもあります。

> 教　師：算数プリント，全部できたね〜。
> 子ども：……。
> 教　師：**もし，きみのお母さんがそこにいて，きみが全部やり切ったのを見ていたとしたら，何て言うかな？**
> 子ども：たぶんだけど……「頑張ったね」って言ってくれると思う。
> 教　師：そうか，「頑張ったね」って。

子どもや保護者にとっての「重要な他者」の口を借りて，自分自身をコンプリメントさせる方法です。「重要な他者」は，何も生きている人とは限らないので，もうすでに亡くなったおじいちゃんやおばあちゃん，あるいはペットでも有効です。

❺ 自分で自分をほめたい……

有森裕子さんの有名な言葉があります。「自分で自分をほめたい」。まさにこれが３番目のコンプリメントである，「セルフコンプリメント」です。３つあるコンプリメントの中で，１番強力なコンプリメントとされています。

> 教　師：以前だったら怒って家に帰っちゃうところだけど，どうして我慢できたのかな？
> 子ども：もう６年生だし，ムカついて家に帰るのもカッコ悪いなと思って。
> 教　師：そうか，もう６年生だし……。
> 子ども：そう。

> 教　師：今回みたいにさ，我慢できた自分ってどう？
> 子ども：やればできるじゃん！　みたいな……。
> 教　師：やればできるじゃん！　って……なるほど。**我慢って結構難しかった？**
> 子ども：案外，そうでもなかった。（以下略）

　自分で自分をほめる姿が見られるというのは，自分自身がその問題を解決するリソースをもっていることに気づいていて，前向きに行動しつつあるということに他なりません。

　セルフコンプリメントが出てきたら，太字部分の「我慢って結構難しかった？」などという，間接的コンプリメントを入れて補強することで，より効果的になります。

❻ 八百万のコンプリメント

　これは私の師匠Ａ先生から教わった秘伝のコンプリメントです。始業前，面接前に子どもや保護者の動線にそって，掃除をします。机を拭き，椅子を拭き，環境を整えます。

　あらゆるコンプリメントの根底は，「あなたはかけがえのない大切な存在ですよ」というメッセージです。そのメッセージこそが人をよりよく変えます。メッセージは言語だけでなく，それらの掃き清められた廊下や，拭き上げた机などから「コトバ」として伝わるというのです。

　大切にされているという，環境を媒体としたコンプリメントも言葉でのコンプリメントと同様に大変有効です。古来，日本はすべてのモノに神が宿ると考えられてきました。それになぞらえて，「八百万のコンプリメント」。具体的な行動は，お客様をお迎えする時の準備とほぼ同じなので，師匠は「おもてなし療法」と名づけていました。

　解決志向アプローチの３つのコンプリメントと共に，この八百万のコンプリメントも入れてみてください。

事例3 掃除ができないクラス

【事例】
　あるクラスは掃除をきちんとすることができない。教師が見ていると多少はやるのだが，いないとおしゃべりばかりしている。さぼる子どもが多く，しっかりやる子がバカバカしくなってきている。

【よくある対応】

掃除をしていない児童に強く注意する。そして，掃除をしないとどうなるかを説諭したり，全体で掃除をきちんとやることの価値を伝えたりする。

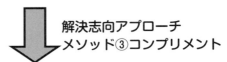
解決志向アプローチ
メソッド③コンプリメント

【解決志向アプローチでの対応】

　既にできているところ，しっかりできている子をコンプリメントします。

　掃除の場合，一生懸命やっている子とそうでない子に分かれることがあります。しっかりやっている子どもより，いい加減にやっている子に目がいきがちなのですが，この場合もうまくいっている方（しっかりやっている方）に注目します。

　その一方で，いい加減にやっている子どもの中には，掃除のやり方を理解できていない場合や，そもそも雑巾を紛失して道具自体がない場合もあるので，これから掃除をするために何が必要かについてもしっかりと手を打っていく必要があります。そして，少しでもできるようになったところを，すかさずコンプリメントしていきます。

　例えば以下のように対応します。

> 教　師：さて，廊下掃除はどうかな……。
> 子ども：……。（教師の姿を見て，あわててやっているフリをしている子ども①と，黙々とやっている子ども②）
> 教　師：（子ども②）さん，おしゃべりをしないで一生懸命床を拭いているね。どうもありがとう。
> 子ども②：……。
> 教　師：そうか，今週の廊下がしっかり掃除できているのは，（子ども②）さんが担当だったからなんだな〜。助かるよ〜。
> 子ども②：先生，それより，（子ども①）さんが全然掃除をしてくれません。先生が来たらあわてて掃除しているフリをしてます。
> 子ども①：そんなことないよ。オレ，ちゃんとやってんじゃん！
> 教　師：（子ども②）さんは，今まで一生懸命に掃除していたみたいだし，（子ども①）さんはこれから一生懸命やると，先生は信じます。
> 子ども①：自分，ちゃんとやってたし……。
> 教　師：いえいえ，今まできみがちゃんとやっていなかった，と言ってるんじゃなくて，今までのことについて，先生は見ていないからわかりません。でも，これからは一生懸命掃除をしている姿を先生は見られるんだろうな〜と楽しみにしているんです。
> **現に，先生は今，こうしている間も，一生懸命に掃除をしている（子ども①）さんの姿を見ているわけですから……。**

　よく，教師が望んだ行動をとれていない子どもに，「何で」「どうして」という疑問詞 Why? をつけた言葉を言う教師がいますね。解決志向アプローチでは，成功した時以外にこの Why? 言葉を使うことを厳禁にしています。
　なぜならば，この Why? は一見，原因を明らかにする質問のように見えて，その実，ただ単に子どもを責めているだけのことがほとんどだからです。
　「なぜあなたは宿題を忘れたの？」「どうして静かに先生のお話が聞けないんですか？」「なぜ学校に来られないの？」「なぜ学校のルールが守れない

の？」そのいずれもが，理由を答えることを目的としていないことがわかります。

　Why？の代わりに，What？（何が）で聞くと解決志向アプローチ的になります。「何があると宿題を忘れずに済みますか？」「先生のお話を静かに聞くために，あなたは何ができそうですか？」「学校に来るには，何があればいいですか？」「学校のルールを守るために，あなたがまずやろうと思うことは何ですか？」というようにです。これをコンプリメントにも生かしてみましょう。

教　　師　：図工室の掃除，どうですか～。
子ども③：……。
教　　師　：あれ？　手に何も持っていないけど，どうしましたか？
子ども③：ぼくの雑巾がありません。
教　　師　：きみの雑巾，ないの？
子ども③：はい。
教　　師　：だから，きみは掃除ができなくて，暇になってしまったと。
子ども③：そうです。
教　　師　：なるほど。じゃあさ，きみは雑巾がないから掃除をしないままでいいのかな？
子ども③：……。
教　　師　：雑巾がなくなってしまった時，**どうすればいいのかな？**
子ども③：掃き掃除をする？
教　　師　：う～ん，何もしないよりはいいけど，拭く人がいないときれいにならないよね。**他にどんなアイデアがあるかな？**
子ども③：見つかるまで，掃き掃除の人と交代してもらって，ぼくが掃き掃除をやって，掃き掃除の人に拭き掃除をやってもらう。
教　　師　：そういう考えもあるけど，見つからないと，それまでず～っと拭き掃除をやるのは不公平だっていう風になっちゃうね。**もっといいアイデ**

> **アはないかな？**
> 子ども③：先生に代わりの雑巾を借りる……。
> 教　　師：なるほど。それならきみの仕事もできるし，他の友だちに迷惑をかけなくて済むね。

　コンプリメントできるところがない場合もあります。そういう時は，コンプリメントできるところを作って，すかさずコンプリメントするという技法もあります。

> 教　　師：え〜とね，そう，ゴミを集める人は，このゴミ箱前にしゃがんでもらって，みんながゴミを掃いてくるから，それをチリトリで拾って……。
> 子ども④：……。（教えられた通りにゴミを集める）
> 教　　師：**そうそう。なかなか上手に集められたね。**
> 　それでね，集めたゴミを拾ったあと，もう１度，チリトリの下を見てごらん。チリトリの下に入ってしまったゴミがあるでしょう？　これも忘れずに拾ってね。
> 子ども④：……。（教えられた通りにチリトリを上げてゴミを集める）
> 教　　師：**そうです，そうです。なかなか筋がいい。よし！　教室の前の方もきみにゴミ集め係，お願いしようかな……。**

　コンプリメントは学級全体に行うこともできます。また，前章の「成功の原因追及」も間接的コンプリメントとして用いることができます。同じような技法・質問も，目的によって様々に使うことができます。
　繰り返しになりますが，解決志向アプローチはコンプリメントが命です。自分に合った言い回しや，状況や目的に応じたコンプリメントを駆使できる，「コンプリメント上手な教師」をめざしてみてください。

解決志向アプローチ・メソッド④
7章　解決像・未来像を描く

「解決像・未来像を描く」って？

Point
解決像を描いておく

❶ 未来日記

　かつてテレビ番組で，「日記」と称する台本に書かれた通りに男女が行動すると，実際に恋愛感情は起こるのかという実験的な番組がありました。この番組自体については，「演出」の部分があったとか，なかったとか逸話があり，実際はどうなのかわかりません。しかし，少なからず，人間が行動する時には，直近の未来の台本を自分で書いて，それにしたがって行動しています。

　例えば，今，この文章を書いているのは土曜日の昼前なのですが，何を食べようかなと考えています。ラーメンが食べたいな〜と。醤油がいいかな，とんこつがいいかな，それともさっぱりと塩かな。

　地元の柏市にはたくさんのラーメン屋さんがあるので迷いますが，私は定番の店に繰り返し通う性格なので，新しい店を開拓する時には勇気が要ります。ですので，新しい店に行く時には，頭の中でそのラーメン屋さんへ行くまでのシミュレーションが必要です。

　何時頃行くのか。到着するまでにどれくらいかかるか。誰と行くのか。交通手段は何で行くのか。行列ができていたら何で時間をつぶすか。スープが切れて閉店になっていた時に，予備の店としてどこを考えるか。

　いつもいつもそんな風に考えているわけではありませんが（笑），それを考えておくと，間違いなく新しい店に挑戦できます。

❷ 長編の台本，短編の台本

　海外のチームで活躍するスポーツ選手がいます。サッカーの本田圭佑選手，

それから野球のイチロー選手。彼らの小学校時代の卒業文集がネットで公開されて話題になっていました。小学生が描く夢としてはあまりに大きく，そして実現する自信に満ちあふれていたからです。

　ところで，彼らはなぜ夢を叶えることができたのでしょうか。もちろん，彼らに才能があった，と一言で片づけることもできます。しかし，本人たちを見ていると，常人には真似のできない量の練習を重ねています。両選手のインタビューを聞くと，自分自身の運動の才能を認めていません。だからこそストイックに練習を重ねているのでしょう。

　先ほどの新しいラーメン屋さんを開拓する例で示したように，人間が行動を起こす時には，何らかの台本を書いています。その台本の上演時間は長さの短い「短編」もあれば，一生分の長さをもつような「長編」もあります。

　本田選手にはワールドカップで優勝するための「長編」の台本があり，イチロー選手にもメジャーリーグで何かを成し遂げるための，やはり「長編」の台本があるのでしょう。

❸ 解決像は北極星でしたね

　2章でお話しした通り，解決像は北極星。めざすべき姿。ゴールはそのめざすべき北極星の前にある，1本目の電柱。本田選手にとってワールドカップの優勝が北極星だとすると，何本もの電柱があって，それを1つ1つクリアしていっているのでしょう。

　その「電柱」が新しいラーメン屋さん開拓の例のように具体的に描ければ描けるほど，それから難易度が低ければ低いほど，実現の可能性が高くなります。

　「解決像・未来像を描く」というのは，叶えたい自分自身の姿の「未来日記」であり，長編もしくは短編の台本であり，北極星に向かうためのいくつかの電柱なわけです。

❷ 「ミラクル・クエスチョン」で声かけ＆面談しよう！

Point
奇跡が起こった世界を想像させよう

❶「ミラクル・クエスチョン」を使おう！

　さて，前の節で解決像・未来像を描くことの意味をお話ししましたが，この節では，その具体的な方法を説明していきたいと思います。

　まず，1つ目が「ミラクル・クエスチョン」です。何かクイズ番組のタイトルのようですね。もう1つが次節で説明する「タイムマシン・クエスチョン」です。他にも「ナイトメア・クエスチョン」などというのもあるのですが，この技法は使わない方がいいという説もあるので，本書では割愛します。

　では，ミラクル・クエスチョンがどういうものか見てみましょう。

教　師：今からちょっと変わった質問をするけどいいかな？
子ども：……はい。
教　師：このあと，きみは家に帰りますね。
子ども：はい。
教　師：そして，6時くらいか7時くらいに夕ご飯を食べる……。
子ども：はい。
教　師：それから，布団に入って目を閉じますね。
子ども：はい。
教　師：で，眠くなったきみは，そのうちウトウトと眠りの世界へ落ちていきます。（間）すると，寝ている間に奇跡が起きます。その奇跡というのは，（間）今，先生に話してくれた問題が，すっかり消えて解決しているというものです。（間）でも，きみは寝ているので，奇跡が起こったこと

	に気づきません。（間）そして，朝がきました。きみは目を覚ましました。（間）きみはまず，どんなことから，この奇跡が起きたことに気づくかな？
子ども：	……。
教　師：	奇跡が起きた日の朝，目が覚めたら何かいつもと違うことはあるかな？
子ども：	う〜ん，たぶん太陽の光が嫌じゃないと思います。
教　師：	太陽の光が嫌じゃない？
子ども：	はい。いつもはまぶしくて，ああ，朝がきちゃった，嫌だなって思うけれど，奇跡が起きた日の朝は嫌じゃなくて，平気みたい……。
教　師：	なるほど，太陽の光も平気……って。
子ども：	はい。
教　師：	それで，目が覚めたあと，何をするのかな？
子ども：	目が覚めたあとは，顔を洗います。
教　師：	ほう，顔を洗う。じゃあ，奇跡が起きた日の朝は顔を洗っている時，何が違うかな？
子ども：	たぶん，洗顔用の石鹸で洗っています。
教　師：	洗顔用の石鹸で？
子ども：	いつもは面倒くさいから，水でちょっと目やにを取るくらいだけど……。
教　師：	奇跡が起きた日の朝は，洗顔用の石鹸で洗っている。それから？
子ども：	パジャマから洋服に着替えます。
教　師：	洋服に着替える……。その時に何か違いはある？
子ども：	そこは特にないです。
教　師：	なるほど。洋服を着替えてそれから？
子ども：	1階に下りていきます。
教　師：	1階に……。そこに家族の誰かがいるかな？
子ども：	お母さんがいます。
教　師：	お母さん……。お母さんはきみの何を見て，奇跡が起こったって気づくかな？
子ども：	「おはよう」の声がいつもより明るいことです。（以下略）

これが「ミラクル・クエスチョン」です。何か不思議な会話ですね。

❷ ミラクル・クエスチョンをいつ使うか

　ミラクル・クエスチョンは，子どもや保護者にとって望ましい解決像を引き出すための質問技法です。子どもや保護者が問題状況の中にいる時，うまくいっていない，今の自分は困難な状況にいる，というのを強く感じています。そして，何とかしたいとは思うのですが，具体的にどうなればよいのかがはっきりしていないことが多いです。

　それは，子どもや保護者が問題状況にあると，過去や現在にとらわれているからです。子どもや保護者の目を，未来に向けていくためにミラクル・クエスチョンは有効です。

　また，ミラクル・クエスチョンで描く未来は，奇跡についての質問なので，いくらでも大きくすることができます。そのことによって，前向きな気持ちが高まります。

　解決志向アプローチでは，直接，問題となっている状況をどうこうするのではなく，解決を構築していくうちに問題がいつの間にか消えていってしまった，というような展開になります。

　つまり，問題自体に働きかけるのではなく，問題が解決した時の状況を作り出すことによって，いつの間にか問題が解決しているのです。

　２章にあった「発想の転換」に，

> 変化は絶えず起こっていて，小さな変化は大きな変化を生む

というのがありましたね。解決への小さなステップが，次々に大きな変化を生んでいきます。子どもや保護者にその小さなステップを踏ませたり，気づかせたりして，そのステップが解決へどのようにつながっていくのかをイメージさせるために，ミラクル・クエスチョンが有効なのです。

❸ ミラクル・クエスチョンの仕組み

まず，こういう前置きをします。

今からちょっと変わった質問をします

これは「これから解決志向のトークがはじまりますよ」というのをはっきり目立たせるために，必ず言います。それから，先ほどの会話の中にあった，

> 教　師：このあと，きみは家に帰りますね。
> 子ども：はい。
> 教　師：そして，6時くらいか7時くらいに夕ご飯を食べる……。
> 子ども：はい。
> 教　師：それから，布団に入って目を閉じますね。
> 子ども：はい。

この会話の中で子どもが3回「はい」と肯定しています。このように必ず「はい（Yes）」になる質問と答えを「イエス・セット」と言います。この「イエス・セット」を3回以上入れることで，ミラクル・クエスチョンの世界に子どもや保護者を引き込んでいくことができます。

それから，と〜っても大事なのが，話し方です。ミラクル・クエスチョンは子どもや保護者に解決したあとの姿を考えてもらう，大変難しい作業をさせているわけですから，ゆ〜っくりと理解に合わせて話す必要があります。

同じように大事なのが「間」です。「イエス・セット」と同じように，ミラクル・クエスチョンの世界に誘っていくためには「間」がとても大事です。

❹ 関係性の質問も入れる

3章で「重要な他者」の話をしましたが，奇跡が起きたことに他人がどの

ように気づくかの質問をすることも効果的です。

> 教　師：お母さんはきみの何を見て、奇跡が起こったって気づくかな？
> 子ども：「おはよう」の声がいつもより明るいことです。

　人間は必ず他者と存在しているので、関係性の質問を入れることで、解決したあとの姿がより鮮明になります。

❺ ミラクルを聞いたあと……

　さて大事なのは、ミラクル・クエスチョンで解決したあとの姿を聞いてどうするかです。ここでスタンダードなのは「例外」の質問（4章）です。

> 教師：では、今話してくれた奇跡が起きた日の話のうち、全部、または一部でも起こったことがあるかな？

　もし、あればその時のことをさらに詳しく聞いていきます。しかし、「ありませんね」「あればいいのですが」と答えることが多いでしょう。
　そこで、「ほんの些細な部分でもないかな？」と食い下がるのも有効です。
　しかし、ない場合も多いです。そういう時は、

> 教師：今話してくれた中で、明日の朝、やるとしたらどの部分が1番やりやすそうかな？

と言います。

❻ 人工的にミラクルを起こしてしまう技法

> 教師：それでは，1週間のうち1回……，自分ができそうだな〜と思う日に，さっき話してくれた，奇跡があたかも起こったかのように生活してみよう。やってみて，自分自身で気づいたことや，周りの人の反応，その他の様子……どんな小さなことでもいいので，来週またお話しする時に，教えてくれる？

このように「あたかも奇跡が起こったかのように生活してみる」という技法があります。これを「プリテンド・ミラクル・ハプンド」（Pretend Miracle Happened）と言います。

直訳すると，「奇跡が起こったフリをする」という感じでしょうか。奇跡が起こったんだ，解決したんだ，というフリをして朝から生活してみると，解決したあとの生活を実習することができます。

もちろん，本人が「それは無理です」とか「できません」という場合には当然，無理強いはできません。たとえ子どもであってもです。

解決志向アプローチは英語で，「ソリューション・フォーカスト・アプローチ」と言いますが，「ソリューション・フォースト（forced＝強制する）・アプローチ」であってはならないと戒められています。

しかし，かなり有効な技法ですので，本人が納得するのであれば，ぜひ，やってみる価値のある技法だと思います。

❸「タイムマシン・クエスチョン」で声かけ&面談しよう！

Point
問題の中身を知る必要はない

❶「タイムマシン・クエスチョン」を使う

　今度は「タイムマシン・クエスチョン」のお話をします。ミラクル・クエスチョンと共通するところは，解決した姿を子どもや保護者に「映像」としてイメージさせるという点です。
　今回のタイムマシン・クエスチョンは時間を未来に進めて，未来から現在を見ていこうという技法です。

教　師：今からちょっと変わった質問をするけどいいかな？
子ども：……はい。
教　師：ここにタイムマシンがあったとしてさ，今からきみが中学1年生になった時にタイムスリップしようと思います。あ，もちろん，きみが行ってみたい年でいいんだけど……。
子ども：あ，だったら，大学1年生がいいです。
教　師：大学1年生？　そう，じゃあ，大学1年生になったきみをタイムマシンで見に行ったら，見た目はどんな感じで，誰とどこで何をしているかな？
子ども：……。
教　師：ビデオで撮影して，この教室のテレビに映しているような感じで話してもらいたいんだけど……。
子ども：はい。たぶん，TシャツにGパンを履いて，大学の中を歩いています。
教　師：TシャツにGパンを履いて大学の中を歩いている……。それから？

子ども：たぶん一緒にいるのはクラスの友だち。自分はモテる方じゃないと思うから……。それで、大学の食堂に向かって歩いている。
教　師：それから？
子ども：自分は大学に入ったら一人暮らしをしようと思ってて、親からもお金をもらわないようにしたいから、なるべく安いメニューを選ぶと思う。
教　師：なるほど、一人暮らしをするから……。
子ども：そう。で、アルバイトもしていると思う。
教　師：アルバイトは何をしているのかな？
子ども：たぶんコンビニとかだと思う。
教　師：コンビニのバイト……。他にはどんなものが見えるかな？
子ども：だいたいそんなところです。
教　師：なるほど。じゃあ、その大学1年生の自分が、今の自分にアドバイスするとしたら、どんなことを言うかな？
子ども：う〜ん、「中学受験で今は毎日大変だと思うけど、うっかりミスに気をつければ結構、上位に食い込めるぞ」とか、「大学に入ればかなり好きなことができるから、今はとりあえず頑張れ」とか、言ってくれると思います。
教　師：なるほどね。（以下略）

❷ タイムマシン・クエスチョンの原理

　ミラクル・クエスチョンもそうですが、もともと、催眠療法から生まれました。考えたのはミルトン・エリクソンという精神科医・心理学者でした。伝統的な催眠は過去にさかのぼって原因を明らかにしますが、ミルトン・エリクソンの催眠は過去ではなく、未来に焦点が当てられています。
　時間を先に進めて未来の自分という視点をもつことで、将来の姿をイメージすることができたり、そこへ至るまでの道筋をつけたりすることができます。

教　師：Hさんは今，6歳だったね。
Hさん：うん。
教　師：お誕生日はいつだっけ？
Hさん：5月2日。
教　師：じゃあ，もうすぐだね。
Hさん：うん。
教　師：じゃあ，7歳になったHさんは，どんな風になっているかな。
Hさん：う〜ん，わからない。
教　師：そうだよね。よくわからないよね。じゃあ，ちょっとタイムマシンに乗って，7歳のHさんを見に行ってみようか？
Hさん：タイムマシン？　どこにあるの？
教　師：ここだよ！
Hさん：え〜⁉
教　師：じゃあ，出発しようか〜。
Hさん：……。
教　師：は〜い，7歳になったHさんが見えてきました。何が見えますか？
Hさん：えっと，ママのお手伝いで包丁を使ってるの。
教　師：包丁を？
Hさん：そう。ママがね，7歳になったら包丁使ってもいいって言ったから。
教　師：そうなんだね。それから何が見える？
Hさん：う〜んと，えっと……。一人でお風呂に入ってる！
教　師：お風呂に一人で入ってるの？　すご〜い！　他には？
Hさん：学校に行っても泣いてない。
教　師：6歳のHさんはちょっと泣いてたけど，7歳のHさんは泣いてない。泣かないで何をしているのかな？
Hさん：泣かないで？
教　師：泣かない代わりに何をしているかな？
Hさん：泣かない代わりに，自由帳にお絵かきしているの。
教　師：自由帳にお絵かきしているのね。

Hさん：そう。（以下略）

❸ 問題の中身を知らなくても使える？

ミラクル・クエスチョンもタイムマシン・クエスチョンも，問題の中身が何であるかを教師が知らなくても使うことができます。ですから，悩んでいることの中身を知られたくない思春期の子どもの相談も，これらの技法を使って解決構築をすることができるのです。

教　師：それ（問題）が解決したあとの世界へタイムスリップしてみよう。きみはどんな感じで，どこにいて，誰と何をしているかな？　周りの様子は？　何が見えるかな？

解決志向アプローチは原因が何であるか，問題が何であるかは解決には無関係であると言い切ります。時間を先に進めて解決したあとの生活をはっきりと子どもや保護者に描いてもらい，それを実行してもらうことで，結果として問題がなくなってしまうのです。

ですから，できるだけ詳しく解決したあとの姿をイメージさせることが，解決の可能性を高めるのです。

事例4 仲のよくないクラス

【事例】
　あるクラスは男子と女子の人間関係はおろか，男子どうし，女子どうしも仲がよくない。いつもささいなことで言い争いになって，行事の度にグループ決めでもめている。

【よくある対応】
　トラブルの度に原因を明らかにして責任を追及する。道徳の授業で男女がお互いに尊敬し，信頼することの大事さを説く。そして，レクリエーションなどの機会を増やすなど，人間関係をよくする学級活動を行う。

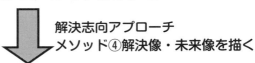
解決志向アプローチ
メソッド④解決像・未来像を描く

【解決志向アプローチでの対応】
　解決した姿を全員にイメージさせ，課題作りをします。
　どういうわけか，最近の子どもたちは「言ったもの勝ち」みたいに，自分の主張を声高に叫ぶことが多く，他人を受け入れるとか，一歩下がるなどという，奥ゆかしい行動をなかなか選択できません。遠慮したり，譲歩したりするのは損とばかりに，まくし立てているケースをよく見かけます。
　おそらく，自分の行動が全体にどのような影響を及ぼすのか，学級のメンバーがそれぞれどう行動すれば，全員が居心地よく生活できるのか，理解できずにいるのです。
　ですから，全員がこうありたいという解決像を描いて，それらについて学級の一人一人がどのようにかかわっていけばいいのかを，鮮明にイメージさ

せることが有効なのです。
　例えば以下のように対応します。

教　師	：え〜と，クラスがスタートしてもうすぐ1ヶ月になります。でも，毎日のようにケンカが起きたり，泣いている人が出ていたりしていますね。そこで，今日は，クラスをどうしていきたいのか，どうなるといいのか，みんなで話し合いたいと思います。
子どもたち	：……。
教　師	：そこで今からちょっと変わった質問をします。
子どもたち	：……。
教　師	：きみたちはクラス替えをして，この5年3組のメンバーになりましたね。
子どもたち	：……。（無言で頷く）
教　師	：そして，このクラスが出発して1ヶ月が経ちました。
子どもたち	：……。（無言で頷く）
教　師	：1年後には，6年生という最上級生になるわけです。
子どもたち	：……。（無言で頷く）
教　師	：そういう5年3組なんですが，今日，これから，みなさんは家に帰って，ご飯を食べて，お風呂に入って，寝ますね。そうすると，みなさんが寝ている間に奇跡が起こります。
子ども①	：奇跡？
教　師	：そう，奇跡です。詳しく言うと，寝ていてみんなが気づかないうちに，クラスの全員が仲よくなって，助け合うクラスになっているというものです。だけれども，みなさんは眠っているので，奇跡が起きたことに気づきません。
子ども②	：ああ，寝ているからね。
教　師	：そうです。みなさんは朝，目が覚めて，どんなことから奇跡が起こったことに気づくでしょうか？
子ども③	：え？　どういう意味？

7章　解決志向アプローチ・メソッド④　解決像・未来像を描く

教　師	：朝，目が覚めた時,「あ，奇跡が起こったんだな」っていうのを，みんなはどういうところから気づく？　今とは何が違っているかな？
子ども④	：たぶん，学校に着くまでは変わらないと思う。
教　師	：というと？
子ども④	：学校に着くまではそんなに変わらないと思うけど，教室に入る時は違うかもしれない。
教　師	：どんな風に違うかな？
子ども④	：教室に入った時，先に来てた誰かが「おはよう」って言ってくれる。
教　師	：なるほど。先に来た友だちの誰かが，入ってきた人に「おはよう」って言う。うんうん。他にはあるかな？
子ども⑤	：ケンカがなくなっていると思う。
教　師	：ケンカが？
子ども⑤	：そう。いつもはムカついて許せない言葉も，何だか許せちゃう。
教　師	：許せちゃうの？
子ども⑤	：そう，奇跡が起きた日だから許せちゃうの。
教　師	：なるほどね。
子ども⑥	：っていうか，奇跡が起きていたら，友だちをイライラさせるような，嫌なことを言わなくなるんじゃないかな……。
教　師	：嫌なことを言わない代わりにどうしているのかな？
子ども⑥	：う〜ん，たぶん優しく言ってると思う。
教　師	：優しく言っている。それからどうなっているかな……他には？
子ども⑦	：休み時間はクラスみんなで過ごしていると思います。
教　師	：休み時間，毎日？
子ども⑦	：毎日じゃないけど，ロングの昼休みはクラス全員で仲よく遊んでいる。
教　師	：ロングの昼休みは仲よく遊ぶ。他には？
子ども⑧	：グループを作る時に何人組でもすぐにグループができる。
教　師	：すぐにグループができる。なるほど。他にないですか？

子どもたち：……。
教　師：もうないみたいですね。今，みんなが言ってくれた奇跡が起こった日の朝は，①教室に入ると先に来た誰かが「おはよう」と挨拶してくれる，②友だちのムカつく言葉も許せる，③友だちに優しく言う，④ロングの昼休みに仲よく遊ぶ，⑤グループ決めですぐに決まる，でしたね。この中で，もうすでに起こっていることってないかな。
子ども⑨：ないよ。だって，奇跡はまだ起こってないもん。
教　師：まぁ，確かにそうだね。じゃあ，どの部分が明日の朝からできそうかな？
子ども⑩：「おはよう」って言うぐらいなら，できそうじゃない？
教　師：教室に入る時，先に来ている人が「おはよう」って言うのね。
子ども⑪：でもさ，中にいる人はいつ来たかわからないから，来た人が「おはよう」って言ってさ，それに対して中の人が返事をするみたいに，「おはよう」って言った方がいいと思う。
教　師：なるほど。来た人に中の人は気づかないから……。他に意見はありますか？
子どもたち：……。
教　師：特にないみたいだね。じゃあ，とりあえず明日の朝から，教室に入る時に「おはよう」と言います。それに対して，先に来ていた人が「おはよう」と返事をするというのでいいですか？
子どもたち：いいです！
教　師：では，とりあえず1週間やってみましょう。

1週間経ったら，うまくいっていることは何か？　から聞きはじめ，コンプリメントしながら，次の課題作りをしていきます。

7章　解決志向アプローチ・メソッド④　解決像・未来像を描く

解決志向アプローチ・メソッド⑤
8章　スケーリング・クエスチョン

1 「スケーリング・クエスチョン」って？

Point
足りないものではなく，有るものに目を向ける

❶ 星いくつ？

　フランスの某タイヤメーカーが発行するホテルやレストランのガイドブックがありますね。みなさんもご存知の通り，星の数でそのホテルやレストランの評価をしています。私は前の章でお話しした通り，ラーメンを食べるのが大好きなのですが，新しく開拓したラーメン屋さんの味を家族で5段階の評価をする習慣があります。

　「機会があったらまた食べたい店…3」，「常連になるレベルの店…4」，「食べるために旅行する店…5」などなど……。しかし，いつも思うのは他人の評価は当てにならないということです。

　雑誌やインターネットの「ラーメンランキング」を手がかりに，距離や渋滞，行列を覚悟して「遠征」に行くわけですが，落胆することが多いです。味覚というのは実に個人的なもので，自分が本当においしいと感じられるものは，自分自身にしかわからないのかもしれません。

❷ 自分の中のものさし

　さて，今回の「スケーリング・クエスチョン」というのは，「その人自身のものさし（スケール）」で測った，現在の状態を測定する質問，と言っていいでしょう。客観性は問いません。この質問技法は，その人の状態を測るためのものとして使うこともできますし，解決するための方法としても使えます。

　例えば，ひきこもりの生徒に，「いまの自分の状態，例えば，『つらくて耐

えられない』を1,『まぁ,何とかやっていけそうだ』を10とすると,今は どの辺ですか?」と問います。そして,「だいたい6くらいですね」と答え たとします。そうすることによって,この生徒は,自分自身の感覚としては 6くらいの状態なんだな,ということがわかります。

❸ コップの中の水

　そのあと,多くの人は,10−6をした4から聞いてしまいます。「あとの 4は何ですか?」この質問では問題志向になってします。つまり,足りない のは何だ? と聞いているからです。

　2章でも述べた通り,ないものから生み出 すことはできません。解決志向アプローチで は,ある方,できている方から聞いていきま す。「6なんですね。1ではなく6なのは, 何があるから6なんですか?」

　できている方,うまくいっている方には, 解決のリソース(資源)がありますし,そこ を尋ねることで本人は解決に向けた前向きな感情が働きます。

　「そうですね……食欲もあるし……,夜はぐっすり眠れているからです」 と生徒が答えたとします。そうしたら,「食欲もあるし,夜はぐっすり眠れ ているから6なんですね」と応じ,「他にはありますか?」とさらに聞いて いきます。ひと通り出つくしたら,出てきた答えを繰り返して,「では,そ の6の状態が,7,あるいは6.5になった時,今とは何が違いますか?」と 尋ねます。これが「スケーリング・クエスチョン」の骨子です。

　コップの中に7割ほど水が入っているとします。それを見て,「3割入っ ていない」と見るか,「7割入っている」と見るかで大きく異なります。解 決志向アプローチでは,後者の「7割入っている」という見方をとりますし, その7割にどのように足していくかという「加点方式」で考えます。そうす ることで現在の自分を肯定でき,小さな成長に気づきやすくなるのです。

❷ 「スケーリング・クエスチョン」で声かけ&面談しよう!

Point
小さくて具体的なゴールをイメージさせる

❶ スケーリング・クエスチョンを使おう!

　解決志向アプローチのメソッドは，質問が中心になります。教師が授業で教えるのと同じように，発問を大事にする考え方と似ています。しかし，正直言ってミラクル・クエスチョンやタイムマシン・クエスチョンは条件が揃わないとなかなか使えません。特に，解決志向アプローチを学びはじめの人がするのには，結構，勇気が要ります。また，教師個々人のキャラクターにも左右されるところがあるでしょう。

　このスケーリング・クエスチョンは解決志向アプローチを学びはじめの人も，見た目が強面の人(?)も使える質問技法です。

　では，スケーリング・クエスチョンの実際を見てみましょう。

教　師：今からちょっと変わった質問をするけどいいかな?

子ども：……はい。

教　師：**今の学校生活を……嫌だな～っていうのを1，まぁ，大丈夫かな～っていうのを10とすると，いくつぐらいかな?**

子ども：う～ん，8くらい。

教　師：お～8くらいなんだね。

子ども：はい。

教　師：**1じゃなくて8なのは，何があるから，8なのかな?**

子ども：え～と，部活もまぁ，自分なりに頑張ってるし，友だちともうまくやれているんで……。

教　師：部活を自分なりに頑張っているし，友だちともうまくやれているから8……。他には？
子ども：そうですね……。あと，勉強も今のところは大丈夫だし……。
教　師：勉強も大丈夫……。それから？
子ども：そんなところですね。
教　師：なるほど。じゃあさ，まぁ，8って結構高いんだけど，**この8が9とか，10になっている時って，今とは何が違うのかな？**
子ども：う〜ん，何だろう……。たぶん，部活のコンクールで東関東大会とかいけたら10なのかもしれないですね。
教　師：東関東大会ね……。**じゃあ，8.1とかだったら今と何が違うかな？**
子ども：う〜ん，自分のパートのところが，自分なりにうまく吹けたら……ですかね。
教　師：「自分なりにうまく吹く」っていうのは，詳しく言うとどんな感じなのかな？
子ども：今度の曲は途中で8分の6拍子に変わるところがあって，その変わるところからなんか難しくなるんです。だから，その部分がノーミスでいけたら，自分としてはヨッシャ！　みたいな……。
教　師：ノーミスでいけたらヨッシャ！　て……。
子ども：はい（笑）。
教　師：今までノーミスでいけたことはあるの？
子ども：まぁ，あるにはあるんですけど，いつもノーミスというわけじゃないから……。
教　師：なるほど。ノーミスでいける時は何が違うのかな？
子ども：う〜ん……。（以下略）

　ポイントをいくつか言います。まず，ミラクル・クエスチョンの時と同じように「今からちょっと変わった質問をするけど……」とことわります。それから，スケールを1〜10で聞いていきます。
　解決志向の本によっては0〜10で聞くというのもあるのですが，創始者の

インスー先生は必ず1～10で聞きます。その理由は，どんなに絶望的な状況でも希望（としての1）は必ずあるという信念に基づいているのです。

❷「電柱」を10にする

さらなるポイントとしては，スケーリングの10を解決像，つまり「北極星」にしないということです。前の節で挙げた例のように，ひきこもりの生徒に「毎日朝から学校へ行けて，友人関係も良好で，学習も順調」を10にすると，1つの目盛りを上げることですらとても困難になります。

ですから「まぁ，何とかやっていけそうだ」という，「1本目の電柱」を10にしているわけです。そうすることで，小さな変化をスケーリングでしっかり把握することができます。

同じように，前項の吹奏楽をやっている子どもの場合，10が東関東大会出場という大きなものでした。悪くはないのですが，その児童の具体的な変化がよくわからないので，わざと「8.1」というように小刻みの数字にして質問をし直したのです。繰り返しになりますが，

> 小さな変化は大きな変化を生む

というのがありましたね。大きな変化を生むきっかけとなる，小さな変化を起こしていくためには，小さくて具体的なゴールをイメージさせることが有効なのです。

❸ スケーリングの方向に注意

このスケーリング・クエスチョンは使い勝手がいいので，いろいろなものに使えます。ですが，恐怖感やイライラ感など，小さい方がいいものについては，数字の意味をそれに合わせます。つまり，何とか耐えられる恐怖感を1，耐えられない恐怖感を10とか，我慢できるイライラ感を1，我慢ができなくてキレそうなイライラ感を10というように設定します。

❹ スケーリングが満点だったらどうするか

　教育相談週間などで，小学校低学年の児童に学校生活の状況をスケーリング・クエスチョンで尋ねると，満点をつける子が結構います。そういう場合は，「すごいね！」「順調なんだね！」と反応したあと，10点の中身を質問します。

　そして，「10点になるために何か頑張っていることある？」と尋ねて，もし出てきたらそれをコンプリメントします。あえて「本当に10点なの？」とか，「困ったことは我慢しなくていいんだよ。先生に言ってごらん？」などと問題探しをする必要はありません。

❺ スケーリングがマイナスだったらどうするか

　1～10で聞いているにもかかわらず，「マイナス100！」と言われたことがあります。そういう場合は，「マイナスかぁ～」と驚きながら「コーピング・クエスチョン」という質問をします。

> 教師：「マイナス100」にもかかわらず，きみがこうして学校に来られるのは何があるからなのかな？

　この質問で出てきた子どもの努力の1つ1つをコンプリメントして，リソースに気づかせます。ひとしきりエンパワメントが終わったあと，「じゃあ，マイナス100がマイナス99になると，今とは何が違っているかな？」という質問をしていきます。

事例5 方向性を見出せないクラス

【事例】
　あるクラスは，これといって大きな問題があるわけではないが，学級の雰囲気が停滞気味になっている。何とか学級集団としての成長のきっかけをつかみたいのだが，児童たちはどうすればいいのかわからない。

【よくある対応】
　全員に学級の課題を見つけさせる。しかし，そもそも課題が出ない場合もある。何とか出たとしても，その後，原因の追及や出口のない話し合いが行われ，ますます学級の雰囲気が停滞する。

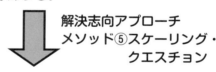
解決志向アプローチ
メソッド⑤スケーリング・クエスチョン

【解決志向アプローチでの対応】
　スケーリングでリソースに気づかせ，一歩先の姿をイメージさせます。
　学級活動などで議題を挙げさせ，学級の課題を話し合わせる学習があります。しかし，停滞気味の学級では議題すら出ません。学級の児童が自分のクラスに対してあまり期待をしていないからです。
　だからといって手をこまねいていては，ますます負のスパイラルが進んでいきます。解決志向アプローチにはある前提があります。「どんな子どもも親に愛されたいし，親を愛したい」「どんな親も子どもを愛したいし，子どもから愛されたい」というものです。
　学級においてもこの前提を用います。「どんな子どもも学級で楽しく過ごしたい」「どんな子どもも友だちや教師から認められたい」。たとえ今はそれ

が目に見えなくとも，子どもが本来もっている姿なのだと考えます。解決志向アプローチはそのような「希望の前提」に基づいているのです。

教　師	：今日の学活は「自分たちらしいクラスを作る」というテーマの話し合いをします。
子どもたち	：……。
教　師	：4月からこのクラスになって，運動会や宿泊学習でいろいろな思い出を作ってきました。
子どもたち	：……。
教　師	：みんなは何が1番思い出に残ってるかな？
子ども①	：宿泊学習です。
子どもたち	：同じです！
教　師	：そうか。やっぱり宿泊学習が1番思い出に残ったんだね。先生は運動会も思い出に残ったけど，宿泊学習だね。やっぱり……。さて，そういう風に思い出が1つ1つできているわけだけれど，みんなはこのクラスをどう思っているのかな。自分らしくいられて，居心地がいいクラスになっているのかな，どうなのかなって先生は思ったんです。
子ども②	：フツー……。
教　師	：そうか。で，もっと自分たちらしくて，いいクラスになるための話し合いをしていったら，もっともっと居心地のいいクラスになっていくんじゃないかなと思って，今日の学習を考えました。
子どもたち	：……。
教　師	：**ちょっと不思議な質問をするんですけど，きみたち自身の感覚で「ああ，このクラスは居心地がいいクラスだな～」っていうのを10，「とても居心地が悪いクラスだな～」というのを1とすると，今のうちのクラスはいくつぐらいになるかな？**
子どもたち	：え～！？
子ども③	：1～10でどの辺か，っていうこと？

教　師	：そうです。それをワークシートに書いてください。（しばらく経って）さて，みなさん書けましたか？　いくつぐらいになったか，教えてもいいよ，っていう人はいますか？　はい。じゃあ，○○さん。
子ども④	：7.5です……。
教　師	：ほほう，7.5ね。他に教えてくれる人はいる？　じゃあ，□□さん。
子ども⑤	：6です。
子ども⑥	：低いな～。
教　師	：一人一人感覚が違いますから，自分と比べて高いとか低いとか言うのはあまり意味がありません。△△さん（子ども⑥）はいくつか聞いてもいいですか？
子ども⑥	：はい。ぼくは9です。
教　師	：そうですか。では，次の質問をします。**今，みんなが書いてくれた数字がありますね。その数字ですけれども，何があるからその数字になったのか，ワークシートに書いてください。つまり，9の人は，何があるから9になったのか，9の中身を教えてほしいんです。**（しばらく経って）はい。それでは，発表してくれる人はいますか？
子ども⑦	：先生，質問です。数字は言わなくちゃだめですか？
教　師	：いえいえ，その必要はありません。何があるからその数字になったのかの中身を教えてほしいんです。
子ども⑦	：わかりました。
教　師	：◎◎さん（子ども⑦），言える？
子ども⑦	：あ，じゃあ……。え～と，男子の仲がいい。それから，面白い友だちがいる。……そんなところです。
教　師	：男子の仲がいい，面白い友だちがいる……だからその数字になったと。
子ども⑦	：はい。
教　師	：他の人で発表してくれる人はいますか？　じゃあ，◇◇さん。
子ども⑧	：女子もそこそこ仲よくやっている，消しゴムを忘れた時とかに貸し

	てくれたりする，うわさ話を最近している人が少なくなった……，という感じです。
教　　師	：なるほどね。それじゃあ，次の質問なんだけど，**今，みんながつけてくれた数字が１上がった時，0.5でもいいんだけど，上がった時は，今と何が違っているかな？** ワークシートに書いてみてください。（しばらく経って）発表してくれる人？
子ども⑨	：給食の配膳がもう少し早くなっています。
教　　師	：なるほど。他の人はどうですか？
子ども⑩	：クラス全員で遊んでいます。
教　　師	：クラス全員で遊んでいる。他の人はどうだろう。
子ども⑪	：掃除を一生懸命やる人が増えています。
教　　師	：掃除を一生懸命やる人が増える……。他にあるかな？　じゃあ，みんなに考えてもらいたいんだけど，今出てきた，①給食の配膳を少し早くする，②クラス全員で遊ぶ，③掃除を一生懸命やる人が増える，の中で１番やりやすそうなのはどれかな？
子どもたち	：②のクラス全員で遊ぶ，です。
教　　師	：では，まず，「クラス全員で遊ぶ」をやってみましょう。いつ，何をして遊ぶか，話し合っていきましょう。（以下略）

　学級の状態によっては，もっとオープンにすることもできますし，厳しい状態のクラスではワークシートだけ記入させ，教師が集計して整理し，匿名にした形で提示するやり方もできます。

　ポイントとしては，①今自分たちがもっている力を認める，②少しよくなった状況をイメージさせる，③部分的にできていることや，やれそうなところからはじめていく，というところです。

　教師が解決志向アプローチを使う場合，集団を高める技法としても有効であると私は考えています。

解決志向アプローチ・メソッド⑥
9章　具体的なアクション

1　「具体的なアクション」って？

Point
小さく，具体的に

❶ めあて作りでの光景

　私の学級では，毎朝，「今日のめあて」を話し合います。指導がまだ入っていない初期の段階で多いのが「運動会の練習を頑張る」とか，「廊下を走らないようにしよう」というめあてです。
　みなさんの勤務している学校を思い出してみてください。毎月の生活目標はどういう感じになっていますか？　ちなみに私の学校の今月の目標は，「すみずみまできれいに掃除をしよう」です。
　それで，冒頭のめあて作りの時に「運動会の練習を頑張る」のようなめあてが決まると，私はたいていこういう質問をしています。
　「きみたちにちょっと質問します。『運動会の練習を頑張る』っていうめあてを立てたみたいだけど，具体的には何をどう頑張るのかな？」
　めあてが決まって，次にやることへ気持ちが移っていた子どもたちが，不思議そうな顔をしてこちらを見返してきます。そこでさらに，「どういう風になれば，頑張ったことになるのかな？」と質問をすると，困惑したような顔になります。
　つまり，「運動会の練習を頑張る」という気持ちをもつことは，クラスの子どもたちの中で共有できたのですが，どう行動すればその「頑張る」を実現できるのか，あやふやなままになっているのです。
　そうするとどういう事態になるかというと，「頑張る」という気持ちはもっていたんだけれど，行動に表れなかったり，1日の終わりに立てためあてをふり返った時，達成できたかどうかを自分で評価できなかったりしてしま

うのです。

❷ 廊下を走らない代わりに……

それと，よくあるめあてや教師の指示として，何かの禁止になっているものがあります。「廊下を走らない」「教室でふざけない」「忘れものをしない」「学習に必要のないものは持って来ない」「おしゃべりをしない」「授業中は後ろや横を向かない」「道路は飛び出さない」「下校中に石を蹴って歩かない」「体育着で登下校しない」「先生が話している時は下を向かない」「手いたずらをしない」「砂いじりをしない」「消しゴムをちぎって投げない」……思いつくものとしてこのようなフレーズがあります。

しかし，「ないものはできない」という考えがあります。つまり，禁止は行動を制限するものなので，行動の終わりを示しています。言い換えると，「廊下を走らない」をやろう！　とは言えないわけです。ですから，「廊下を走らない」代わりにどうするのか，「教室でふざけない」代わりにどうするのか，がめあてになります。つまり，行動の終わりでなく，はじまりをめあてにします。

例えば，「廊下は静かに右側を歩こう」とか，「雨の日の過ごし方：教室では自分の席で本を読んだり，自由帳に絵を描いたりして静かに過ごそう」などという形にするのです。

❸ 中学校におじゃまして……

私は普段小学校に勤務しているので，研修や出張で中学校へおじゃますると校種による違いをそこかしこに感じます。何と言っても子どもが大きい（当たり前か）。それから，男の先生が多い。それと，部活動の戦績が横断幕で掲げられていたり，漢字の標語が体育館の前面に掲げられていたりします。

例えば，「友愛」「自学」「礼節」「鍛錬」……かっこいい〜と小学校の私は思います。6年生の子どもたちを中学校へ連れていく行事などで，多くの子どもたちが中学校の敷居の高さを感じるのもそのようなところのようです。

さて，実現可能性という観点に立つと，「友愛」や「鍛錬」と「友だちに消しゴムを貸してあげよう」や「休み時間は外で元気に遊ぼう」には違いがあります。2章で述べた解決志向アプローチの発想の転換①「小さな変化は大きな変化を生む」で言うと，「友愛」よりも「友だちに消しゴムを貸してあげよう」の方が，解決志向アプローチではよいめあてだと言えます。

❹ さて，だいぶ遠回りしましたが……

　「具体的なアクション」というのは，子どもや保護者が解決を構築していく中で，実行していくこと，あるいはその課題のことを言います。
　前章でも挙げた解決志向アプローチの発想の転換①「小さな変化は大きな変化を生む」のように，解決構築のためにはなるべく小さな課題を設定し，それを達成させます。そうすると，解決に向かって大きな変化が起こってきます。
　そしてその課題の中身は，子どもたちがめあてを立てた時のような，抽象的な内容や精神論的な内容では行動に移しにくく，実現できたのかそうでないのかについて，ふり返りができません。ですから実際に何をするのか，どうすれば課題が達成されたと言えるのか，をはっきりさせる必要があります。
　それから，否定形の「〜ない」という課題は行動の終わりを示すもので，実際の行動には移せないので，肯定形の「〜する」という，行動のはじまりを示す課題にします。
　以上の，「具体的なアクション」を起こすための課題のポイントは次の3点です。

具体的なアクションに適した課題
① 小さくて
② 具体的で
③ 何かのはじまりを示している（肯定形で表されている）

---

❺ 岸に向かって泳がせる

　不登校の子どもの面接をすると，自分から課題を立てることがあります。「明日から行くよ！　毎朝，ちゃんと起きて，月曜日から金曜日までずっと！」。毎日学校へ行くのが当たり前と思っていて，そうでない子どもの姿に思い悩んでいる親が聞いたら，涙が出んばかりの一言です。

　しかし，ここで「そうか！　よく言った！　じゃあ，先生は毎朝，校門で待っているからな！」はおススメできません。なぜならば，先ほど示した３つのポイントの，①小さくて，②具体的で，の点が抜けているからです。

　さて，ここでこの項の表題にある「岸に向かって泳がせる」の話をします。

　少し泳げるようになった子どもを，プールの壁を背にして立たせ，「それじゃあ，今から泳げるところまででいいから泳いでごらん。それで，足がついたら，その場で立っててね」という指導をする方がいると思います。

　しかし，この指導は子どもたちにとって不安が大きいです。なぜならば，自分が進む先には無限とも思える水の世界が広がっていて，たどり着くべきゴールの壁が見えません。途中で水を飲んじゃったらどうしよう，とか，いろいろなことを考えてしまうのが自然なシチュエーションだからです。

　それよりも，「いいかい？　ここからだったら壁まで泳げそうだなぁ，って自分が思うところまで進んでごらん」といって水中を歩かせ，子どもが決めた位置から壁に向かって泳がせるのです。

　そうすると子どもは安心して挑戦することができます。もし，壁までの距離に短さを感じたら，次に少しだけ距離を取って挑戦し，また短さを感じたらさらに少し距離を伸ばす……を繰り返していきます。そうしていくうちに，泳げる距離が少しずつ伸びていくのです。

　これは解決志向アプローチの課題の与え方にも当てはまります。

9章　解決志向アプローチ・メソッド⑥　具体的なアクション

❷「具体的なアクション」の考え方で声かけ&面談しよう！

Point
子どもは大人に気をつかっていることに注意しよう！

❶ 具体的なアクションの実際

さっきの不登校の子どもの例で言うとこんな風に進めます。

子ども：明日から行くよ！ 毎朝，ちゃんと起きて，月曜日から金曜日までずっと！
教 師：おお！ そうか！ 明日からか！
子ども：うん！
教 師：その前向きな気持ち，いいね。でもさ，今までずっと休んでいたから，全部と言わず1週間のうちで好きな曜日を1日選んで，そこからはじめてみるっていうのはどうかな〜。きみはどう思う？
子ども：う〜ん……。
教 師：大丈夫だったら増やせばいいわけだし……。
子ども：わかりました……。
教 師：じゃあ，何曜日にしようか？ 時間割とか見てみて……。
子ども：水曜日あたりが……。
教 師：なるほど。水曜日ね。それで，ちょっと不思議な質問をするね。今からちょっとタイムマシーンに乗って，水曜日にタイムスリップします。
子ども：何ですか，それ？
教 師：まぁ，まぁ，ちょっとおつき合いください。で，今は水曜日の朝。きみの家にいます。学校へ行く日，起きる時刻がきました。何時？
子ども：6時です。

教　師：6時になりました。何で起きるの？
子ども：目覚まし時計です。
教　師：どういう音？
子ども：ピピピピ……って。
教　師：6時になって，きみの目覚まし時計がピピピピ……と鳴りました。きみはどうしてる？
子ども：たぶん起きないと思います。
教　師：起きない？
子ども：目覚ましでは起きなくて，いつもお母さんに起こしてもらうから……。
教　師：お母さんに起こしてもらうと起きられる……。
子ども：……。
教　師：それから？
子ども：先生，ホントのこと言うと，お母さんが起こしても，ぼく，起きられない……。
教　師：そうか。今まで1週間のうちにお母さんで起きられた日はある？
子ども：ない。
教　師：ちょっと起きられそうだな〜っていうのは？
子ども：……。
教　師：じゃあ，6時じゃなくてもいいんだけど，わりと早く起きられたなって思う時ってある？
子ども：まぁ，少しは……。
教　師：ちなみに何時くらい？
子ども：7時くらい。
教　師：7時くらい。それは最近で言うといつぐらいかな？
子ども：先週の水曜日……。
教　師：お，水曜日。じゃあ，今度の水曜日も7時くらいに起きたとしよう。それから？
子ども：でも，「もう遅刻になっちゃう」っていう時点で，朝のしたくをする気がなくなって，テレビを見はじめちゃう……。

> 教　師：なるほどね。遅刻は嫌なんだ。
> 子ども：遅刻して教室に入ると，みんなが不思議なものを見るような感じでジロジロぼくを見るから……。
> 教　師：不思議なものを見るような感じで見られるから，遅刻するなら休むっていう感じ？
> 子ども：そうです。
> 教　師：じゃあ，きみとしては，朝6時に起きるのと，7時とかに起きて教室ではないどこかの部屋へ登校するのと，どっちがやりやすい？
> 子ども：たぶんどっかの部屋だと思う……。
> 教　師：学校としては，保健室か学習室だったら大丈夫なんだけど，どっちがいい？
> 子ども：……保健室の方がいい。
> 教　師：で，保健室で何する？
> 子ども：勉強は嫌いじゃないから，時間割に合わせて自分で勉強する。
> 教　師：じゃあ，まとめると，水曜日に保健室へ登校する。そこで，時間割に合わせて自分で勉強する。給食はどうしよっか？（以下略）

❷ 不登校の事例をふり返る

　不登校の事例にかかわると，意外と子どもが大人に気をつかってくれることがあります。そこで実現するのが難しい課題を気前よく披露してくれます。

　子どもの問題を早く解決したい大人は，子どもの気づかいに満ちた課題を額面通り受け取ります。しかし，「具体的なアクション」の形にしていく中で，子どもが言った課題が実施困難なことが明らかになってきます。ですから，タイムマシン・クエスチョンなどで具体的なイメージにして，ゴールの実現可能性を高める必要があります。この不登校の事例では，タイムマシン・クエスチョンをしていく中で，実現の困難さが明らかになり，実現可能性の高いビジョンに修正していったわけです。

また，子どもが全面解決を言い出したのに，教師が小さなゴールにしてしまうので，保護者によっては子どもの足を教師が引っ張るのか，と不信感を抱く場合があります。

　そういう場合は，不登校という事態を抱え続けてきた保護者の心情を理解し，受け止めた上で，この「具体的なアクション」の①小さくて，②具体的で，③何かのはじまりを示した，課題こそが，解決の近道なのだという説明をする必要があります。

❸ 教師が陥りがちなこと……

　さて，具体的なアクションについて述べてきましたが，教師は子どもの課題が小さいとしっくりこない気持ちになることがあります。「こんな小さな課題で本当にいいんだろうか」と。それは，教師である自分が頑張っている現実と，頑張れるだけの能力をもっていることを基準に子どもを見ていることが考えられます。

　小さな変化は確実な前進と大きな変化につながります。万が一，課題が小さく，あっという間にゴールにたどり着いたら，次の課題をまた立てればよいのです。

　逆に課題が大きすぎて，実際にやってみて失敗し，挫折を感じさせたり，自信を喪失させたりする方が，取り戻すのには時間と労力がかかります。一気に全部が解決したら，教師としてもスッキリするのですが，小さな成功を積み重ねていく方が確実です。

　また，この具体的なアクションの考え方は，子どもや保護者への指導・援助だけでなく，教師自身の成長にも役立つと思います。教師としての自分がこれからどのようになりたいのか，①小さくて，②具体的で，③何かのはじまりを示している，こと。ぜひ，使ってみてください。

事例6 前年度に壊れていたクラス

【事例】
　あるクラスは前年度に学級崩壊していた。学級のルールはおろか，友だちどうしの関係もよくない。総じて学級に対する期待値が低く，学級にも友だちにも教師にも不信感をもっている。

【よくある対応】
　1つ1つのトラブルの対処に追われて，後手後手の指導が多くなる。全体的に説諭や指導が多く，子どもたち自身がどういう学級にしたいのかのコンセンサスをもっていない。

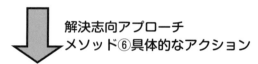
解決志向アプローチ
メソッド⑥具体的なアクション

【解決志向アプローチでの対応】
　まずできそうなゴールを作り，それを1つずつ達成させていきます。
　前年度に崩壊したクラスの学級開きというのは，非常に重たい空気に包まれています。いろいろなケースがありますが，私が経験したことがあるケースで強く感じたことは，子どもたちの表情の険しさと，問いかけに対する反応のなさでした。
　学級の中で友だちと共に時間を過ごすことが，まるで満員電車の車内に偶然乗り合わせた客どうしみたいな，希薄な人間関係。別段，一緒にいたいわけではないけれども，仕方なく決められた席に座っている。だから，いなければいけない時間を終えると，そそくさと下校するし，話し合いにおいても「唇寒し」とばかりに，貝のように口を閉じています。

さて，この状態で3月までもつのかどうか，一抹の不安を感じないわけではないけれども，もったからには子どもたちが「このクラスで過ごせてよかった」という形にしなくては，と意気込んでいるのが4月の実態だと思います。
　「このクラスで過ごせてよかった」という解決像へ向けて，「具体的なアクション」を実施していきます。

教　　師	：この前，「どんなクラスにしたいか」のプリントを書いてもらいました。みんな覚えてるかな？
子どもたち	：……。（子ども①：「そんなの忘れたし……」と小さな声）
教　　師	：そうか，忘れちゃった人もいるみたいだね。去年までいろいろと大変だったみたいだけど，今年はまったく違う，みんなにとって納得できるクラスを作っていきたいと思います。そこで，みんなはどんなクラスにしたいか，紙に書いて出してもらったんだけど，それを基に，みんなが「このクラスいいな」って思えるために，どうしていくか話し合いをしていきたいと思います。
子どもたち	：……。
教　　師	：今から，みんながプリントに書いた内容を，まとめてきたものを配ります。
子ども②	：え，マジで……。
教　　師	：もちろん，誰が書いたとかはわからないようになっています。それはこの間，書いてもらう時に約束したよね。みんながどういうクラスを望んでいるのか，全員で理解するためにまとめてきました。では，配ります。
子どもたち	：…。
教　　師	：後ろまでいきましたか？　では，見ていきます。1番多かったのは，「落ち着いて勉強できるクラス」でした。その次が，「傷つく人がいないクラス」その次が，「自分の意見をちゃんと言えるクラス」で

した。どれも大事なキーワードになるのかな，と思いました。で，1番多かった，「落ち着いて勉強できるクラス」なんだけど，どうなったら「落ち着いて勉強できるクラス」と言えるのかな？
子どもたち：……。
教　　師：じゃあ，1分間時間を取りますから，近くの人と話し合ってみてください。（1分後）誰からでもいいので，思いつくままにブレーンストーミング形式で発表してください。全部意見が出たあとで，出た意見について質問や意見を言い合うので，とりあえずは意見が全部出るまで批判や意見を述べずに最後まで聞いてください。
子ども③：授業中に私語がない。
子ども④：先生の教え方がうまければいいと思います。（子どもたち数人から薄ら笑いが起きる）
教　　師：なるほど。頑張ります（笑）。他には？
子ども⑤：全員が45分間集中して勉強する。
子ども⑥：オレは無理〜。
教　　師：今はブレーンストーミングですから，出た意見については批判をせずに最後まで聞きましょう。
子ども⑦：どの教科も全員がノートをしっかり取る。
教　　師：他にいませんか？　それでは，それぞれの意見についての質問や意見がある人は手を挙げてください。
子ども⑧：「私語がない」という意見に質問です。班で話し合ったり，わからないところを相談したりしている場合はどうするんですか？
子ども③：えっと〜，先生が「話し合ってください」という時は，話してもいいけど，先生や他の人が発言したり，一人で考えたりする時には話したら私語になると思います。
子ども⑨：「全員が45分間集中して勉強する」の意見に反対です。理由は，集中してできない人がいるから落ち着いて勉強できないわけで，全員が集中できたら，それはもう落ち着いて勉強している状態になっていると思うからです。

教　　師	：他にありますか？　では，出た意見の中で１番取り組めそうなものはどれですか？　手を挙げてください。「授業中の私語をなくす」の人？　「全員が45分間集中して勉強する」の人？　「どの教科もノートをしっかり取る」の人？
子どもたち	：「授業中の私語をなくす」の人が多い……。
教　　師	：みなさんの意見では，「授業中の私語をなくす」を望んでいる人が多いようです。じゃあ，私語がない代わりに何があるのかな？　みんな相談したい時があるわけでしょ？
子ども⑩	：そういう時は，手を挙げて，先生に「相談する時間をください」とか「話し合いの時間をください」とお願いすればいいと思います。
教　　師	：何か意見はありますか？　なければ，「授業中に話し合ったり，相談したりしたい時は，挙手をして先生にお願いする」という意見を採用してもいいですか？
子どもたち	：いいです！
教　　師	：もちろん，すべてのお願いに応えられるわけじゃないけどね……。

　勉強が得意な子得意でない子にかかわらず，落ち着いて学習したいという願いをもっています。崩壊した学級ではそれが極端なまでに叶えられなかったわけですから，落ち着いて勉強したいという意見は切実な願いと言えます。

　落ち着いて勉強するという解決像に対して，①小さくて，②具体的で，③何かのはじまりを示す，課題がこのクラスの場合，「授業中に話し合ったり，相談したりしたい時は，挙手をして先生にお願いする」でした。とはいえ，違うクラスでは，ゴールはこのような内容ではないかもしれません。まさにケースバイケースといったところでしょうか。

　ともあれ，この「具体的なアクション」を用いることで，取り組む課題が小さくて具体的になり，達成する難易度が高くないので，無理がありません。その小さな課題を実現することで，次のステージに進むことができます。

解決志向アプローチ・メソッド⑦
10章　問題の外在化

1 「問題の外在化」って？

Point
問題を「何か」のせいにしてしまう

❶ まず反対の意味の「問題の内在化」って？

　「お母さんが体育着をカバンに入れてくれなかったから忘れました」と子どもが訴えてきたら，みなさんはどう答えますか？　いろいろな答え方をちょっと考えてみました。

　「体育着を洗ってくれるのはお母さんかもしれませんが，カバンに入れるぐらいは自分でやるべきではないですか？」
　「体育をするのはお母さんですか？」
　「きみが反省する点はないんですか？」
　「きみは何年生ですか？」
　「お母さんだって忙しいんだから，『体育着はどこにあるの？』という風に自分で声をかけなければダメでしょう」
　「そんな言いわけが通用すると思いますか！」
　「忘れたのをお母さんのせいにするとは何ごとですか！」
　「世の中には自分で体育着を洗濯してアイロンをかけている子がいますよ」
　他にも様々な応え方があると思いますが，往々にして「問題はあなた自身にある。受け止めなさい！」というのが根底に流れています。これを「問題の内在化」と言います。

❷ 内在化させようとするのはなぜか？

　学校に限らず，自分の至らないところや問題点，非を認めさせることをしますね。これは，責任の所在や原因を自分のものと受け止めなければ成長し

ない，解決しないという信念に基づいています。これもやはり，問題志向の考え方に基づいています。しかし，これは本当にそうでしょうか。

　部分的には当てはまる考えではあると思います。それは，はじめから解決をする能力や資源があり，責任の追及や叱責だけで乗り越えていける数少ない人たちに対してです。しかも教師としては手っ取り早く，もっとも負担が少ない指導方法です。

　ところが，なかなか解決しない多くの場合というのは，解決するためのリソースの存在を本人がまだ自覚していなかったり，環境調整をしながら本人の能力を引き出したりする必要があるケースだと思います。

　だから，「問題はあなたにある。受け止めなさい！」と宣言したところで，本人としては何をどうすればいいのかわからないし，八方ふさがりに感じてしまい，行動が変わらなかったり，かえって悪くなったりすることがあるのです。

❸ 内在化させることのデメリット

　問題を内在化させると客観的に状況を理解しにくくなることがあります。つまり，問題と本人との距離が近すぎて，4章の「例外」で説明したように，部分的に起こっている問題状況が自分のすべてを覆いつくしているような感覚に襲われます。

　それによって，絶望に似たような感覚に襲われたり，自分自身がひどく力のない存在に思えたりして，解決に歩み出す前向きな気持ちにならないことが多いです。

　ですからここは，いったん問題を自分の外に出し，状況を客観的に見通したり，問題状況が解決するのに必要な本人の成長を落ち着いて見守ったりす

ることが有効な方法になるのです。

❹ ざっくり言うと，何かのせいにすること

「問題を自分の外に出す」と言いましたが，簡単に言ってしまうと，問題を「誰か」や「何か」に背負ってもらうことです。例えば，1章で出てきた教室を飛び出すBさんは，「イライラ虫」という虫が出てきて悪さをするので，Bさんは教室で静かに授業を受けることができなくなってしまう，ということにします。

これを，Bさんのドーパミン分泌やそれまでのしつけ，性格などに内在化をしてしまうと，Bさん自身や保護者は解決のために行動しにくくなり，医師やカウンセラーなどによる「専門家の専門的な方法」でしか，解決の糸口がつかめないと思えてしまいます。

でも，この「イライラ虫」が悪さをするのだ，という外在化の技法を使うと，Bさんや周りの大人たちは解決のための行動がとれるようになるのです。

教師：この「イライラ虫」はどういう時に出てくるの？
B　：え〜と，算数でわからなくなったり，国語で作文を書いたりする時……。
教師：ふ〜ん。「イライラ虫」をやっつけるためにはどうしたらいいの？
B　：「イライラ虫」が出てくると，大暴れするから，出そうになった時に少し風に当てるの。そうすると，どこかへいなくなる。
教師：出そうになった時に，少し，風に当てればいいんだね……。
B　：うん。

---

❺ 外在化のメリット

不適切な行動をとった時，多くの場合，本人を叱責することがありますが，外在化を使うと本人を必要以上に責める必要がなくなります。

特に発達障がいが疑われる子どもが，養育者や教師から叱責を受け続ける

ことで起こる自尊感情の低下に対し，もっと対策が立てられてしかるべきだと私は常々思っているのですが，そういった意味でも外在化は有効です。

❻ そんな甘っちょろいことで……と思っていませんか？

ここまで外在化について書いてきて，一抹の不安を覚えるので書くのですが，問題を全部何かのせいにしたら，子ども本人が成長しないのではないか，自分で受け止めさせる必要があるのではないか，と言いたい方はいませんか？

もちろん，すべてのケースに外在化を当てはめることを勧めているわけではありません。冒頭にも書きましたが，子ども本人に問題を受け止めさせて，解決するだけの能力やリソースがある場合には，受け止めさせるのがいいのでしょう。

しかし，問題自体が困難である場合や，長期化している場合には，本人の能力やリソースがまだ「やぶの中」であることが考えられます。そのような状況の時に，いくら問題を内在化させても効果は低いのです。つまり，解決志向の3つの哲学の②と③を参照すると，内在化でうまくいくならば内在化を使えばいいし，うまくいかないならば，外在化を使えばいいということです。

---

① うまくいっているならば，それを変えてはいけない
② うまくいっているならば，もっとそれをしよう
③ うまくいっていないならば，何か違うことをしよう

そこを柔軟に考えていくのが解決志向アプローチです。教師の信念やポリシーではなく，子どもたちや保護者の解決にとって，1番有効かつ有益な方法を選択することが大事なのです。

2 「問題の外在化」の考え方で声かけ＆面談しよう！

Point

悪いのは全部，神様か仏様のせい

❶ 入門編「虫」シリーズ

　適切でない行動をしてしまう原因を「〇〇虫」にして外在化するのは，それほど難しくないので，特に低学年ではおススメです。

教師：先生ね，お友だちを叩いたり，蹴ったりするのは，Ｊさんが悪いんじゃないんだと思うんだ。
Ｊ　：？？？
教師：それはね，Ｊさんの中に「虫」がいてね，それが悪さをしているんだと思うの。
Ｊ　：？？？？
教師：だから，先生と一緒に，その「虫」を退治すれば，優しくて，頑張り屋さんのＪさんが，もっと輝いてくると思うんだ。
Ｊ　：……。
教師：だから，その「虫」を退治するために，ちょっと先生と「虫」について調べよう！
Ｊ　：うん……。
教師：友だちを叩きたくなっちゃう「虫」になんていう名前をつけようか？
Ｊ　：「叩き虫」……。
教師：そうか「叩き虫」ね。この「叩き虫」はどういう時に出てくるのかな？
Ｊ　：う〜ん……。誰も……ぼくに……話しかけてくれない時……。
教師：話しかけないと，「叩き虫」は出てきちゃうの？

J　：そう。
教師：じゃあ，Jさんに話しかけると「叩き虫」は出てこない。
J　：そう。
教師：どんな時に話しかければいいのかな？
J　：授業中にわからなくなった時……。
教師：わからなくなった時ね。
J　：そう。
教師：わからなくなった時に何か合図があるといいね。何かいい方法があるかな？
J　：……。
教師：じゃあさ，消しゴムを筆箱の上に載せるっていうのはどうかな？
J　：うん。
教師：それで大丈夫ね。（J：「うん」）で，誰が話しかければ「叩き虫」は出てこないのかな？
J　：友だち……。
教師：友だちね。どんな風に話しかければいいのかな？
J　：「どう？」って。
教師：「どう？」って声をかければ「叩き虫」は出てこない。
J　：たぶん，出てこない……。（以下略）

❷ きみの悔しさは先生の手に移りました

　外在化の技法は，先ほどの「虫」というキャラクターを使うのがわりとスタンダードなのですが，高学年などでは「はぁ？」という感じで，なかなかフィットしないことがあります。その中で，6年生に使ったことのある外在化の技法を紹介します。
　この少年（Kさん）は少しこだわりが強く，行動や反応にユニークさのある子でした。そのような特徴を，同じクラスの男の子たちがからかうことが

あり，悔しさから長い時間うずくまって泣いている様子をよく見かけました。
　この学校には音楽集会という行事があり，各学年が練習の成果を全校に発表する会がありました。普段，あまり前に出ることがないＫさんでしたが，この年の音楽集会はいつもとは違って積極的に参加し，ついに立候補して台詞のある役につきました。
　担任の先生はＫさんが重要な役についたことをとても喜んで，あまり器用でないＫさんと休み時間や放課後，体育館で一緒に練習をしていました。
　ところが，音楽集会当日に事件が起きました。クラスの男の子たちが，このＫさんをからかって，泣かせてしまったのです。当然，担任の先生はからかった男子を集合させてきつく指導し，Ｋさんに謝罪させたのですが，Ｋさんはいつものように，固まって泣き続けるばかり……。
　出番はもうすぐです。担任の先生は保健室にＫさんを連れていき，慰めるのですが，おいおい泣いているばかりです。そこへ，私が通りかかりました。

教師：（背中に手を当てて）悔しかったね……。
Ｋ　：（無言で頷く）
教師：（背中に手を当てたまま）きみは，今日の本番まで，一生懸命練習をしてきましたね……。
Ｋ　：……。
教師：（背中に手を当てたまま）きみが，今日，発表する台詞，何でしたか？
Ｋ　：「希望という名の船に乗り……，未来という海に向かって，さぁ！　冒険のはじまりだ！……」
教師：（背中に手を当てたまま）とてもすばらしい言葉だね。もう１回，言ってみようか。
Ｋ　：「希望という名の船に乗り……，未来という海に向かって，さぁ！　冒険のはじまりだ！……」
教師：（背中に手を当てたまま）２回目の方がいいね。だんだん，復活してきたね。

> K　：……。
> 教師：(背中に手を当てたまま) 体育館には，きみの発表を楽しみにしているおうちの人……誰が来るんだっけ？ (K：「お母さん」) お母さんが待っている。そして，きみの発表を楽しみにしている友だちがいる。そして先生がいる……。
> K　：……。
> 教師：(背中に手を当てたまま) きみの悔しさは，先生の手に移ったよ。もうしばらくしたら，きみは体育館へ行けるよね。
> K　：(無言で頷く)

　その数分後，Kさんは体育館へ向かい，何ごともなかったかのように自分の役割を立派に果たしたのでした。

❸ その他の外在化技法

　その他にやったことがあるものとして，「○○虫」を絵に描いてもらったこともあります。そうすることで，問題が目に見える形で外部に表現されるので，解決への前向きな気持ちを損なうことなく，子どもと教師が一緒に解決へ向かっていくことができます。あなたが悪い！　の内在化では，年齢の低い子どもほど萎縮してしまって，解決への動機づけが低くなります。

　私のカウンセリングの師匠は，保護者の心理面接で「悪いのは全部 (親ではなくて) 神様か仏様のせいにしている」とよく言っていました。当時はまったく意味がわかりませんでした。おそらく，過度に自分へ責任や原因をもってくることが，必ずしもよりよい解決につながるわけではないことを示していたのだと思います。

事例7 学習に取り組まないLさん

【事例】
　2年生のLさんは，授業中に何も取り組まない。いくつかの消しゴムを並べて戦わせたり，筆箱を土俵に見立てて紙ずもうのようにして遊んだりしている。

【よくある対応】

　学習に取り組まないことを注意または叱責する。家庭に現状を報告して，保護者からも学習に取り組むように促してもらう。

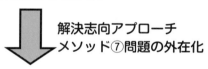
解決志向アプローチ
メソッド⑦問題の外在化

【解決志向アプローチでの対応】

　学習に取り組まないのを「おじゃま虫」（児童による命名）のせいにします。
　低学年を担任すると，Lさんのような児童に遭遇することがあります。そもそも学習習慣や学習規律が身についていないのか，それとも，何らかの発達的な課題が原因なのか，一向に学習に取り組まないのです。
　机の上には，朝自習の課題から1時間目，2時間目，3時間目……と教科書やノートがまるで地層のように積み重ねられていて，時間が経つごとにうず高くなっていきます。
　たまにノートに板書を写していたり，課題を進めていたりしているので，成長したとばかりに喜んでいると，次の日にはまるで何も取り組まない「元の木阿弥」になっていたりします……。
　叱責すると泣いて反省の様子を見せるのですが，翌日はそれほど変わって

いません。家庭に連絡すると，保護者も状況がわかっていて，「すみません」を繰り返しています。何だか保護者を責めているようで，申し訳ない気持ちになります。

　発達検査をすると，いろいろと凸凹は見えるのですが，ＩＱ的にはぎりぎり健常児のラインより上にきました。そのようなＬさんへ外在化技法を使った事例です。

教師：Ｌさん，放課後に残ってくれてありがとう。
Ｌ　：……。
教師：今日，残ってもらったのは，きみを叱るためでも，できていない算数をやり直すためでもないので，安心してください。
Ｌ　：……。
教師：Ｌさんは，最近の授業，わかりますか？
Ｌ　：（首をふっている）
教師：わからない感じかな？
Ｌ　：（頷く）
教師：え～と，どの辺までわかるかな。例えば算数は，「時こくと時間」「長さ」「足し算の筆算」「かさ」とか……。
Ｌ　：……。
教師：まぁ，どこがわからないかわからない感じだけど，とにかくわからないな～っていう感じなのかな。
Ｌ　：（頷く）でも，足し算の筆算はわかった……。
教師：そうか，足し算の筆算はわかったんだね～。それで，前ね，「先生が黒板に書いたことは，わからなくてもノートに書こうね～」って言ったの覚えてる？
Ｌ　：覚えてる。
教師：でも，なぜかやれない感じかな。
Ｌ　：（頷く）

10章　解決志向アプローチ・メソッド⑦　問題の外在化

教師：それでね。先生，わかったことがあるので，今日，きみに残ってもらったんだよ。

L　：？

教師：Lさんがね，ノートを書けなかったり，授業中に先生のお話が聞けなかったりするのはLさんのせいじゃない。

L　：？？

教師：それはね，Lさんの中に何かの「虫」がいてね，きみに悪さをしているんだと思うの。

L　：虫？（にやりと笑う）

教師：そう。虫なの。Lさんはちっとも悪くないのに，その虫がね，一生懸命お勉強をしようとするLさんのじゃまをするの。

L　：その虫，どこから来るのかな〜？

教師：どこから来るんだろうね〜。だから，今日は，その虫をやっつける作戦会議を，Lさんとしようと思ったんだよ。

L　：先生，その虫って飛ぶの？（笑）

教師：飛ぶかもしれないね〜（笑）。それでね，まず，この「虫」に名前をつけようかな，と思って……。

L　：その虫さ，お勉強のじゃまをするんでしょう？

教師：うん。

L　：だからね，「おじゃま虫」！

教師：なるほど，「おじゃま虫」ね！（笑）。その「おじゃま虫」の得意技は何かな？

L　：う〜んとね，ぼくをね，お勉強の世界からね，「消しゴムバトル」の世界に連れていくの。

教師：そりゃ，すごい技だね〜。じゃあ，「おじゃま虫」の弱点は何かな？

L　：う〜んと，何だろうな。まだ，発見されていない……。

教師：そうか，なかなか弱点は見せないんだね。今までにどんな攻撃が効いたかな？

L　：ええと，朝ごはんモリモリ作戦と，とがった鉛筆ミサイル！

> 教師：なんかすごそうな作戦だね。どんな作戦？
> Ｌ　：あのね，朝ごはん食べるでしょ。その朝ごはんを食べるとパワーアップするの。
> 教師：誰が？
> Ｌ　：ぼくが。
> 教師：なるほどね。で，「とがった鉛筆ミサイル」は？
> Ｌ　：とがった鉛筆をね，筆箱から発射して，ノートにボガーン！　って。
> 教師：そうか，その「朝ごはんモリモリ作戦」と「とがった鉛筆ミサイル」が「おじゃま虫」にはきくんだね。
> Ｌ　：そう。でも，完全に倒すことはできない……。
> 教師：じゃあ，その「朝ごはんモリモリ作戦」と，「とがった鉛筆ミサイル」で，「おじゃま虫」を攻撃しながら，「おじゃま虫」を完全攻略する方法を考えよう！（敬礼をする）
> Ｌ　：ラジャー！（教師につられて敬礼をする）

　小さい頃，「ものを大切にしなさい」という説教の代わりに「もったいないおばけ」が出てきました。そして，よい子のところにだけ，サンタクロースが来ました。

　子どもの世界には信じているような信じていないような，中途半端なフィクションが存在していて，それらがよくわからない説得力をもって子どもたちの育ちを支えてくれました。

　外在化の技法は理論的にいうと小難しくなるのですが，実は大昔から私たちの祖先がやってきたなじみ深い方法です。それを現代にアレンジして，ユーモアという装いをして，使っていると言えます。

　外在化によって問題をいったん自分から離すことで，見えてきたり，解決の糸口がつかめたりするということを知って頂けたら幸いです。

【著者紹介】

岩田　将英（いわた　のぶひで）

1976年東京都生まれ。柏市立増尾西小学校教諭。千葉大学教育学部卒。鳴門教育大学大学院学校教育研究科教育臨床コース臨床心理分野修了（長期研修）。臨床心理士。学校心理士。上級教育カウンセラー。ガイダンスカウンセラー。NPO千葉県教育カウンセラー協会常任理事。学校教育や心理臨床といったカテゴリーにこだわることなく，人間の成長に寄りそい，見守る"働き"に一生を捧げたいと考えている。千葉県船橋市および柏市公立小学校，千葉大学教育学部附属小学校勤務を経て現職。ホームページ（http://www3.to/iwata）ツイッターアカウント（@iwatanobuhide）

心理学 de 学級経営
ポジティブ学級に変える！解決志向アプローチ入門

2015年1月初版第1刷刊	©著　者	岩　田　将　英
	発行者	藤　原　久　雄
	発行所	明治図書出版株式会社
		http://www.meijitosho.co.jp
		（企画）茅野　現　（校正）嵯峨裕子
		〒114-0023　東京都北区滝野川7-46-1
		振替00160-5-151318　電話03(5907)6701
		ご注文窓口　電話03(5907)6668

＊検印省略　　　　組版所　中　央　美　版

本書の無断コピーは，著作権・出版権にふれます。ご注意ください。

Printed in Japan　　　　ISBN978-4-18-174938-5

道徳教育　話題の新刊！

ほんもののエンカウンターで道徳授業

諸富　祥彦　編著

小学校編　B5判・116頁　本体2,200円＋税　図書番号：1169

中学校編　B5判・120頁　本体2,200円＋税　図書番号：1170

「エンカウンターの形だけを真似をした道徳授業が多く、これではねらいを達成できない」と編者は現状に警鐘を鳴らす。エンカウンターを生かしたとびっきりの道徳授業を数多く紹介。

J-POPで創る中学道徳授業

柴田　克　著

B5判・120頁・本体2,060円＋税　図書番号：1168

J-POPで道徳とは、歌詞を資料にした道徳授業です！　本書では、ケツメイシの「仲間」やミスチルの「GIFT」、さだまさしの「償い」などを活用した事例を紹介。思春期の中学生が「今度の道徳は何をやるの？」と聞いてくるほど夢中になる授業を大公開です！

明治図書　携帯・スマートフォンからは**明治図書ONLINEへ**　書籍の検索、注文ができます。▶▶▶

http://www.meijitosho.co.jp　＊併記4桁の図書番号（英数字）でHP、携帯での検索・注文が簡単に行えます。

〒114-0023　東京都北区滝野川7-46-1　ご注文窓口　TEL 03-5907-6668　FAX 050-3156-2790

＊価格は全て本体価表示です。